ratio

Band 34

RÖMISCHE GESELLSCHAFT IM WANDEL

Kommentar

bearbeitet von
Reinhard Heydenreich,
Clement Utz und
Wolfgang Flurl

C. C. Buchners Verlag

ratio

Lernzielbezogene lateinische Texte
Begründet von Erich Happ und Klaus Westphalen
Herausgegeben von Wolfgang Flurl und Wilfried Olbrich

Der Livius-Teil wurde bearbeitet von Reinhard Heydenreich, Forchheim, und Clemenz Utz, Regensburg, der Tacitus-Teil von Dr. Wolfgang Flurl, München.

2. Auflage 2 7 6 5 4 3 2009 08 07 06 05 04 03
Die letzte Zahl bedeutet das Jahr dieses Druckes.
Alle Drucke dieser Auflage sind, weil untereinander unverändert, nebeneinander benutzbar.

Dieses Werk folgt der reformierten Rechtschreibung und Zeichensetzung. Ausnahmen bilden Texte, bei denen künstlerische, philologische oder lizenzrechtliche Gründe einer Änderung entgegenstehen.

www.ccbuchner.de

Gesamtherstellung: creo Druck & Medienservice GmbH, Bamberg

ISBN 3 7661 **5884** 8

Inhalt

1. Einleitung: Die römische Geschichtsschreibung (E 1–13)

E 1 Lange vor einer literarischen römischen Geschichtsschreibung hatte der Pontifex maximus alljährlich wichtige Ereignisse (Getreidepreis, Sonnen- und Mondfinsternisse, Prodigien und Rituale ihrer Entsühnung) auf einer mit Gips überzogenen Holztafel (*album*) festgehalten und in seinem Amtshaus auf dem Forum zur allgemeinen Einsichtnahme aufgestellt. Diese Aufzeichnungen wurden nach ihrer streng jahrweisen Einteilung und den Verfassern **annales maximi** bzw. **annales pontificum maximorum** genannt, bis in die Gracchenzeit fortgeführt und ca. 120 v. ediert. Ihr Inhalt bot für die frühe Zeit die einzigen schriftlichen Nachrichten. Die bloße Auflistung *temporum, hominum, locorum rerumque gestarum* (Cicero, de oratore 2, 52 f.) und besonders das Jahresschema haben auf die früheste Geschichtsschreibung eingewirkt. Die Nachträge, mit denen Livius (↗ E 11) mehrfach seine Jahresberichte beschließt, scheinen in ihrem schlichten Stil von Hauptsatzreihen daran zu erinnern; die Jahreseinteilung bestimmt noch weitgehend die Annalen des Tacitus (↗ E 13. 7).

Die frühen Formen literarischer Geschichtsschreibung, von denen nur Fragmente, aber zusätzlich wichtige Nachrichten überliefert sind, sollen in wesentlichen Punkten knapp besprochen werden.

Ältere Annalistik und Geschichtsschreibung des 2. Jh. v. (E 2–5)

E 2 Gegen Ende des Zweiten Punischen Krieges (202 v. ⚔ Zama) empfand man das Bedürfnis, römische Politik (auch) dem griechischen Osten verständlich zu machen und als für den Mittelmeerraum wichtig hinzustellen. U. a. deswegen schrieben die Autoren dieser Zeit griechisch; die lateinische Prosa entstand ja deutlich später als die lateinische Dichtung, die schon am Ende des Ersten Punischen Krieges (ca. 240 v.) mit der Übertragung griechischer Bühnenstücke ins Lateinische begonnen hatte.

Der erste römische Geschichtsschreiber war **Q. Fabius Pictor** (vgl. Liv. 1, 44, 2 *scriptorum antiquissimus*). Nach der Katastrophe bei Cannae 216 v. wurde er nach Delphi geschickt, um geeignete Sühnemaßnahmen zu erkunden; er begründet den Typus des Senators, der Geschichtsschreiber war. Sein Werk wird von dem griech. Historiker Polybios († ca. 120 v.) für die Darstellung des 1. und 2. Punischen Krieges mehrfach zitiert und von Livius benützt. Seine Wahrheitsliebe wird grundsätzlich anerkannt, zugleich aber auch eine gewisse Voreingenommenheit für die Fabier festgestellt — er war ein Verwandter des Q. Fabius Maximus Cunctator, des Diktators von 217. Fabius Pictor verbindet — wie auch später üblich — Mythos und Geschichte. Er hat wohl nicht alle Epochen vor den Punischen Kriegen gleich intensiv behandelt.

Von den sog. Älteren Annalisten sind uns etwa fünf griechisch schreibende Autoren bekannt. Ihre Bücher wurden z. T. ins Lateinische übersetzt, wie schon die des Fabius Pictor.

E 3 Zwei urspr. lateinisch geschriebene Werke weichen davon stark ab:
1. **Ennius** († 169 v.) verfasste seine ‚Annales' in Hexametern; auch er verbindet Mythos und Historie, die er bis in seine Gegenwart (ca. 178/7) fortführt. Sein Epos wurde noch in Ciceros Zeit viel gelesen und erst durch Vergils Aeneis verdrängt. Über 500 überlieferte Verse (z. T. größere Versgruppen) machen Sprachkunst und Aufbau noch recht deutlich.
2. M. Porcius **Cato** († 149 v.) schrieb ‚Origines', benannt nach den Ursprungssagen italischer Stämme (B. 1–3), von denen er auch Sitten und Einrichtungen erzählt. B. 4–7 behandeln die ersten beiden Punischen Kriege und mit zunehmender Breite Catos selbst erlebte und die von ihm mitgestaltete Zeit bis zu seinem Todesjahr. Mit diesem Werk wurde Cato zum Schöpfer der lateinischen Prosa; zugleich hat er sich von der Fessel der Annalistik befreit, ja die ‚annales maximi' scharf angegriffen. Das Werk wird wegen seiner gründlichen Darstellung gerühmt; bei den nichtrömischen Stämmen und bei chronologischen Schwierigkeiten konnte Cato auf wenig Vorarbeiten zurückgreifen. Er nennt weder die Namen der Handelnden noch seine Quellen; er wollte die Taten erzählen, nicht Personen verherrlichen. Dem Werk sind Reden eingefügt, wahrscheinlich aber nur die von ihm selbst gehaltenen. Catos Stil ist kraftvoll und deutlich, etwas Schönes konnte Cicero freilich nicht darin entdecken: Die *brevitas* war der eigentliche Schmuck, ansonsten habe er nicht geahnt, *quale esset copiose et ornate dicere.* Sallust dagegen hat seinen Stil bewundert und z. T. nachgeahmt (↗ E 10. 3).

E 4 Ab der Gracchenzeit schrieben auch die Annalisten lateinisch, und zwar
1. L. Calpurnius **Piso** Frugi (cos. 133), den Livius öfter erwähnt, z. B. 2, 32, 3. Auf Piso gehen die Klagen wegen Erpressung der Provinzialen (*repetundarum*) zurück (149); wie Cato achtete er auf gute echte Römersitte und trug später den Beinamen Censorius. Bei Cicero wird Piso oft im Zusammenhang mit Fabius Pictor und Cato erwähnt; wie diese war er im Stil *exīlis* (trocken) und ohne rhetorischen Schmuck; alle drei erstrebten nur Verständlichkeit und *brevitas.*
2. Einen interessanten Ansatz verfolgte auch **Sempronius Asellio**, der in der Jugend unter Scipio Aemilianus Kriegstribun vor Numantia (133 v. erobert) gewesen war. Er will Zusammenhänge deutlich machen, wirkliche Geschichte schreiben, nicht *fabulas pueris narrare* (Gellius 5,18,8 f.). Wie bei Polybios (↗ E 2) soll durch ihn der Staatsmann richtiges Handeln lernen. Auf die Zeitgeschichte (bis zum Bundesgenossenkrieg, ca. 90 v.) legt er großen Wert. Bei den Annalisten der Gracchenzeit wird offensichtlich die frühe *plebs Romana* des 5./4. Jh. v. entsprechend der *turba forensis* des 2. Jh. gezeichnet, wie das bei Livius öfter begegnet.

E 5 Von den ca. fünf Annalisten hebt sich das Werk des L. **Coelius Antipater** ab. Nicht mit politischer oder moralischer Absicht, sondern mit stilistischem Anspruch verfasste er sein „Prosa-Epos" des zweiten Punischen Krieges in 7 B., das Livius in der 3. Dekade benützt und zehnmal erwähnt. Hannibal bildete das Zentrum der Darstellung, die man auch *Mono-*

graphie — d. h. die Behandlung eines begrenzten Zeitabschnitts — nennen kann. Als Redelehrer gab er der Geschichtsschreibung einen lebendigen Stil und übertraf in stilistischer Hinsicht seine Vorgänger deutlich — diese waren nämlich nur *narratores*, nicht *exornatores rerum* (Cic., de oratore 2, 54). Der Cäsarmörder Brutus fertigte später einen Auszug aus dem Werk an. Ciceros Ansprüchen von ausgefeilter Darstellung entspricht er noch nicht, doch hat die römische Geschichtsschreibung seitdem immer etwas Rhetorisches. Völlig atypisch ist, dass er nur eine vergangene Epoche beschrieb, ohne diese bis zur eigenen Gegenwart fortzusetzen.

Jüngere Annalistik und historische Schriften des 1. Jh. v. (E 6–9)

E 6 Die Annalisten der Zeit Sullas fasst man als sog. Jüngere Annalistik zusammen. Inhaltlich greifen sie meist wieder auf die Vorzeit zurück, betonen aber sehr die eigene Gegenwart. Ihre i. Allg. umfangreichen Werke verfassen sie mit vielen Ausschmückungen. Erwähnt seien nur:

1. Q. **Claudius Quadrigarius**: Er beginnt ausnahmsweise mit dem Galliersturm (um 387 v.) und führt seine Darstellung mit selbst verfassten Reden und in z. T. altertümlicher Sprache in 23 B. bis zu seiner Gegenwart; Livius hat ihn benützt und mehrfach erwähnt.

2. **Valerius Antias** beschreibt den gesamten Zeitraum von der Gründung Roms bis zur Gegenwart in wenigstens 75 Büchern; bei ihm wuchern die Fälschungen und Übertreibungen (Reden — Zahlen bei Schlachten), so dass ihn Livius mehrfach tadelt.

3. C. **Licinius Macer** war ein jüngerer Freund von Sisenna (↗ E 8. 1) und als Politiker für die Plebs engagiert — Sallust legt ihm eine während seines Volkstribunats (73) gehaltene Rede in den Mund (↗ E 10. 1). Seinen Prozess wegen Erpressung, in dem er Cicero unterlag, überlebte er nicht lange. In seinem ca. 20 B. umfassenden Werk trieb er in bescheidenem Maß Quellenkritik; obwohl Cicero (leg. 1, 7) seine „Geschwätzigkeit“ tadelte, wurde er später von Historikern viel benützt, von Livius besonders in der ersten Dekade.

Neben der Annalistik, bei der die früher vernichtende Kritik („Geschichtsfälschung“) einer vorsichtigeren Bewertung weicht (vgl. Burck [1992] 28–31), bilden sich zwei weitere Formen geschichtlicher Schriften heraus: die Autobiographie und die sog. Historien.

E 7 Autobiographien sind vor allem bekannt von:

1. M. Aemilius **Scaurus** († 89/8): Er brachte seine alte verarmte Familie wieder zu Ehren (cos. 115 und 107; *princeps senatūs*). Seine Persönlichkeit ist umstritten (↗ Fr 1 zu Tacitus, Agricola 1); er hinterließ eine Selbstbiographie in 3 B., die auch Cicero gern las.

2. Q. Lutatius **Catulus** (cos. 102; † 87): Er besiegte 101 v. gemeinsam mit Marius die Kimbern in der Schlacht bei Vercellae/Oberitalien. Da Marius den Ruhm der Germanenkämpfe ganz für sich haben wollte, verteidigte er seinen Anteil in einem „Buch über sein Konsulat und seine Taten in flüssigem Stil“ (Cic., Brutus 132), das man noch im 2. Jh. n. las.

3. P. Rutilius **Rufus** (↗ zu Tac., Agr. 1, 3) schrieb neben einer römischen Geschichte, die der große griechische Philosoph und Geschichtsschreiber Poseidonios (ca. † 50 v.) benutzte, eine Selbstbiographie in 5 B., wozu ihm sein Exil Muße bot.

E 8 **Historien** behandeln Zeitgeschichte; dabei erleichtert der Wegfall des starren annalistischen Rahmens einen eher sachbezogenen Aufbau.
1. L. Cornelius **Sisenna** (praetor 78) verfasste 12 B. „mit großer Gewissenhaftigkeit, aber mit zu wenig Freimut" (Sallust, Jug. 95, 2).
2. Historien schrieb auch **Asinius Pollio**, u. zw. über die Zeit von 60 bis zur Schlacht bei Philippi (42) bzw. bis zu seinem Konsulat (40) in 17 B.

E 9 Vor Sallust befassten sich noch mehrere Autoren mit geschichtlichen Stoffen, ohne eigentlich Geschichtsschreiber zu sein.
1. **Cicero** († 43 v.) behandelte in mehreren Entwürfen sein Konsulat, für deren Ausarbeitung er vergebens Historiker zu gewinnen suchte. Ein wirkliches Geschichtswerk verfasste er trotz Bitten seiner Freunde nicht, obwohl er die Werke der bisherigen Geschichtsschreiber als ziemlich unbefriedigend ansah. In ‚De legibus' (1, 5–7) gibt er einen wertvollen Überblick über die bisherigen Historiker und äußert sich öfter theoretisch über die Aufgaben eines Geschichtsschreibers: Dieser sei selbstverständlich der Wahrheit verpflichtet, müsse aber einen Stil finden, den er „im höchsten Maß rednerisch" nennt.
2. **Caesar** († 44 v.) beschrieb den Gallischen Krieg und den Anfang der Bürgerkriege (49–48) in zusammen 10 B., die später verbunden und fortgesetzt wurden; er nannte seine Bücher ‚Commentarii', d. h. etwa „Amtliche Berichte". Er war kein eigentlicher Geschichtsschreiber, obwohl sich seine Darstellung — zumal in den letzten Büchern des ‚Bellum Gallicum' — durch die Abfassung von direkten Reden und von Exkursen der eines Geschichtswerkes näherte (↗ E 10. 2/3).
3. **Cornelius Nepos** († nach 27 v.) trieb auch chronologische Studien, schrieb aber im Wesentlichen nur Viten (in vielleicht 16 B.), in denen die preisende Darstellung der jeweiligen Persönlichkeit den Anforderungen eines historischen Werkes nur z. T. entspricht (↗ E 13. 2).

E 10 **C. Sallustius Crispus** (86–35 [34?] v.)

1. Sallust ist der erste römische Historiker, von dem vollständige Werke erhalten sind (↗ E 9. 2/3), nämlich die beiden Monographien (↗ E 5) ‚Coniuratio Catilinae' und das ‚Bellum Iugurthinum' (über die Zeit von 63 bzw. 111–105); von dem letzten Werk, den ‚Historiae', die — an Sisenna (↗ E 8. 1) anknüpfend — die Jahre von 78 bis 67, d. h. von Sullas Tod bis zu Pompejus' Entsendung in den Osten (also Zeitgeschichte) darstellen, sind im Wesentlichen nur sechs Partien erhalten: vier Reden und zwei Briefe; zum Mithridates-Brief ↗ Tac., Agr. 32, Fr 4.
2. Das Besondere an Sallusts Schriften sind seine über die Werke verteilten, z. T. sehr ausführlichen **Exkurse**: Abschnitte, die — losgelöst vom Erzählfortschritt — grundsätzlichen Fragen nachgehen, etwa der Entwick-

lung/dem Verfall des römischen Imperiums als einer Folge des Verfalls der *mores*, der Entstehung der hauptstädtischen Plebs, Roms Parteienunwesen (Jugurtha 41 f.). Deswegen spricht man bei Sallust auch von moralischer Geschichtsschreibung, ja von Geschichtsphilosophie; er geht auf die den geschichtlichen Prozess bestimmenden Kräfte ein: den Menschen als Wesen mit *animus* und *corpus*, die Bedeutung der *mores* und *virtutes*, die Wichtigkeit der herausragenden Persönlichkeiten und der Masse.
Besondere Beachtung verdienen auch die an herausgehobenen Stellen eingelegten **Reden**, etwa am Beginn der Verschwörung oder bei der Senatsdebatte über die Bestrafung der gefangenen Catilinarier. Diese Reden sind nach Inhalt und Form das Werk des Autors; so konnte etwa Sallust nichts Genaues von der geheimen Verschwörerversammlung wissen bzw. hat der ungebildete Marius bei seiner Bewerbung ums Konsulat keine rhetorisch ausgefeilte Rede in Sallusts eigenem Stil gehalten, wie wir sie im ‚Bellum Iugurthinum' (Kap. 85) lesen.
3. Mit seinen Exkursen und Reden greift Sallust auf Prinzipien des griechischen Geschichtsschreibers Thukydides (2. Hälfte des 5. Jh. v.) zurück, mit dem er aus gutem Grund bereits in der Antike verglichen wurde. Ansonsten ist Cato (↗ E 3. 2) sein großes Vorbild, z. T. im Stil (Archaismen), z. T. in der Betonung der *virtus* und in der Anprangerung der Laster (etwa *luxuria atque avaritia*). Sallusts Stil mit seiner *brevitas* und *inconcinnitas* hat seinerseits Tacitus (↗ E 13. 8) stark geprägt, doch geht sein Einfluss über das Stilistische hinaus (Grant, Geschichtsschreibung 248).

E 11 **Titus Livius** (59 v.–17 n. bzw. 64 v.–12 n.)

1. Von Livius' **Leben** ist wenig bekannt; das Wichtigste ist die Liebe zu seiner Heimatstadt Patavium (heute Padua). Wohl dort genoss er die übliche rhetorische und philosophische Ausbildung; obwohl er sich auch mehrfach in der Hauptstadt aufhielt, blieb er seiner norditalischen Geburtsstadt, die erst 49 v. das römische Bürgerrecht erhielt, zeitlebens aufs Engste verbunden. Diese Anhänglichkeit soll sich sogar auf seine Aussprache bzw. auf seinen Stil ausgewirkt haben, was ihm den Vorwurf der *Patavinitas* eintrug; in den ca. 40 Jahren, in denen er sein Werk schuf, hielt er sich ja (wohl) oft in dieser vom Sittenverfall des 1. vorchristlichen Jahrhunderts kaum berührten Stadt auf, wo er auch starb (vgl. Burck [1992] 2).
2. In seinen **142 Büchern** ‚Ab urbe condita' stellte Livius die Geschichte Roms von der Stadtgründung bis in seine Zeit dar. Er wurde mit diesem „Epos in Prosa" nicht nur zum bedeutendsten Prosaiker der augusteischen Zeit, sondern überhaupt zu einem der größten Schriftsteller der gesamten Antike, sein Werk zu einer Fundgrube für Kunst und Literatur der Neuzeit, bis ins 18. Jh. (vgl. Kapitel X von Burck [1992] Rezeption 1. Antike, 2. Neuzeit, 188–205).
Weshalb seine Darstellung mit dem Tode von Augustus' Stiefsohn Drusus 9 v. endete, kann heute nicht mehr sicher beantwortet werden: Vielleicht starb Livius vor dem beabsichtigten Ende, vielleicht war das Datum für ihn

ein entscheidender Einschnitt, war doch Drusus der lange bevorzugte Nachfolgekandidat des Augustus, mit dem Livius eine enge Freundschaft verband. Von dem gewaltigen Werk — dem größten der römischen Geschichtsschreibung — ist ca. ein Viertel erhalten: B. 1–10 (Stadtgründung — kurz vor Ende des 3. Samnitenkrieges: 293 v.) sowie B. 21–45 (2. Punischer Krieg: 218 — Triumph des Aemilius Paullus: 167).

Für die erhaltenen Bücher (und im Wesentlichen bis zu B. 90, das mit Sullas Tod endete, vielleicht bis B. 120 (vgl. Burck [1992] 10–12), lässt sich eine Einteilung in Pentaden und Dekaden, also in Einheiten von 5 bzw. 10 Büchern, erkennen. Einer Fortführung dieses Gliederungsprinzips über B. 90 hinaus scheinen etwa B. 109–116 entgegenzustehen, die gesondert als ‚Belli civilis octo libri' gezählt und vielleicht auch ediert wurden. Hier bleibt vieles ungewiss, immerhin besitzen wir zu den verlorenen Büchern — außer von 136 und 137 — neben einigen Fragmenten (z. B. zu Ciceros Tod) knappe Inhaltsangaben (‚Periochae') sowie mehrere Kurzfassungen (‚Epitomai'), meist von christlichen Autoren des 4. und 5. Jh. n. Chr.

3. Als **Quellen** für sein Werk verwendete Livius vor allem die Annalisten (↗ E 2; 4; 6), deren Schriften fast völlig verloren sind, daneben für die Epoche der Punischen Kriege (deutlich zu fassen erst ab B. 30, sicher für die B. 31–45) den griech. Historiker Polybios (gest. ca. 120 v.), bei dem der erhaltene Teil — immerhin vier stattliche Bände — einen Quellenvergleich erlaubt. Livius betrieb keine historischen Archiv- und Quellenstudien im modernen Sinn, was für die Frühzeit völlig unmöglich, für die spätere Zeit nicht üblich war. Er benützte wohl nur literarische Darstellungen, vielfach mehrere parallel (↗ zu Liv. 2, 40, 10); dabei vermerkte er gelegentlich Unstimmigkeiten und Unwahrscheinlichkeiten. Bei heute feststellbaren Fehlern — etwa in Fragen der Chronologie — wissen wir im Allgemeinen nicht, ob sie auf Livius selbst oder auf seine römischen Quellen zurückgehen. Seine gelegentlich erwähnten Inschriften und Senatsakte wird man als Übernahmen aus den Quellen zu verstehen haben (vgl. Burck [1992] 16 f.). Livius wollte kein Werk im Sinn der quellenkritischen Geschichtsschreibung verfassen und dabei herausarbeiten, wie es wirklich gewesen ist, sondern eine Geschichtserzählung bieten, wobei er weniger unkritisch war als seine römischen Vorgänger. Als Anhänger der alten römischen Republik versuchte Livius aufzuzeigen, durch welche *mores* und *virtutes* das römische Weltreich geschaffen wurde und wegen welcher *vitia* es in seiner Gegenwart dem Verfall ausgesetzt war. Ähnlich wie Sallust (↗ E 10.3) hielt er den Römern die *labens disciplina* (praefatio § 9) vor Augen; wie dieser sieht er in *avaritia luxuriaque* (§ 11) den Grund für den Abstieg. Die *virtutes* und *vitia* beherrschen Livius' Darstellung (↗ Text 2. 10).

Livius findet in der römischen Geschichte eine Fülle von eindrucksvollen *exempla*, deren einprägsame Erzählung ihm wichtiger ist als eine detaillierte Schilderung historischer Vorgänge. Trotz eines gewissen Pessimismus wegen des Sittenverfalls scheint sich Livius doch der augusteischen Erneuerungspolitik nicht verschlossen zu haben; diese legte besonderen Wert auf *concordia, virtus* und *pudicitia* und erstrebte eine wenigstens teilweise

Erneuerung des alten Freistaats, verzichtete freilich nicht auf die nötigen Änderungen, etwa bei der Provinzverwaltung (↗ Tac. ann. 1, 1–10).

4. Livius' **Sprache** gibt dem rhetorischen Stil Ciceros und somit dem Prosastil der ausgehenden Republik den Vorzug; typisch für ihn sind seine weit ausholenden Perioden, doch finden sich bei ihm auch Passagen mit kurzen Hauptsätzen — besonders bei den stereotypen Nachträgen am Ende von Jahresberichten ab der 3. Dekade oder etwa bei den beiden Jahresberichten 2, 19, 1 f., was Burck (1992) 50–52 als annalistische Form bezeichnet. Ansonsten gestaltet Liv. seine Geschichten zu einprägsamen Einzelerzählungen, bei denen er zugunsten der Hauptpersonen und deren Motiven Einzelheiten als nebensächlich ausspart. Mit großem Einfühlungsvermögen zeichnet er seine Gestalten oder lässt diese in (erfundenen) Reden ihr Handeln erläutern. Zur Erhöhung der sprachlichen und dramatischen Wirkung übernimmt er — z. T. einer damals üblichen Entwicklung folgend — Elemente der Dichtersprache. Die scheinbaren Gemeinsamkeiten im Wortschatz und in Wendungen der frühen Bücher mit der (noch nicht herausgegebenen!) Aeneis des Vergil sind wohl auf Ennius (↗ E 3. 1) zurückzuführen, am deutlichsten in B. 1. Durch Anlehnung an das Epos und dessen archaisierende Formen sowie an die ältere annalistische Geschichtsschreibung verleiht er seiner Geschichtsdarstellung ein altehrwürdiges Kolorit, geht hier aber weniger weit als Sallust mit seiner grundsätzlichen Archaisierung des Stils. Daneben beobachtet man ein Streben nach *variatio*, selbst Ausdrücke der volkstümlichen Rede finden sich, doch ist eine Abgrenzung solcher Stilunterschiede zwischen (älterem) Epos, Umgangssprache und augusteischer Dichtersprache im Einzelnen schwierig (vgl. das informative Kapitel IX Sprache und Stil bei Burck [1992] 177 ff.). Einige Abweichungen von der in den Schulgrammatiken zugrunde liegenden klassischen Sprache enthält die Liste der sprachlichen Eigenheiten (R, besonders 4–19).

E 12 Die kaiserzeitliche Geschichtsschreibung des 1. Jh. n. vor Tacitus

Von den kaiserzeitlichen Historikern vor Tac. haben wir noch weniger Fragmente als von den Annalisten vor Livius, doch ist auch für das Verständnis von Tac.' Werk ein Blick auf seine Vorgänger hilfreich. Ihr bevorzugtes Thema waren die Bürgerkriege ab 44 v. und der Übergang zum Prinzipat (sowie die ersten Kaiser). Bereits bei diesen Autoren scheint sich die Meinung festgesetzt zu haben, dass der Prinzipat ein Notbehelf sei und dass es seit den Bürgerkriegen mit der *veritas* „rückwärts gehe" (so bei Seneca d. Ä., dem Vater des Philosophen [† 40 n.], und bei Ks Claudius, der in seiner Jugend viele historische Bücher schrieb) — Überzeugungen, die das Werk des Tac. prägen. Der schon oft geäußerte Gedanke vom moralischen Niedergang der Gegenwart (Cato, Piso, Sallust und Livius) erhält eine neue Spitze, nämlich gegen die Staatsform, und dies steigert sich bis zu Nero.

Das Thema Bürgerkrieg und die Kritik am Prinzipat beherrschen auch das historische Epos des Seneca-Neffen **Lucan** († 65 n.; ↗ zu ann. 15, 49, 3): ‚Pharsalia' — benannt nach Cäsars entscheidendem Sieg über Pompejus bei

Pharsālus (48 v.). Das ist um so bemerkenswerter, als das römische Epos bisher auf einen Preis der Gegenwart abzielte, z. B. bei Ennius (↗ E 3. 1) und in Vergils Aeneis.

Vespasian wurde nach Nero († 68) und dem Bürgerkrieg (68–70) als Erlösung empfunden. Damit wandelt sich auch das Verhältnis der Geschichtsschreiber zum Prinzipat: Nicht der Prinzipat selbst, sondern nur ein schlechter Prinzeps (z. B. Domitian) wird kritisiert; andererseits verfallen die Autoren dieser Zeit der umgekehrten Gefahr, der *adulatio*. Drei für die Tacitus-Lektüre wichtige Vorläufer seien kurz behandelt:

1. **Cluvius (Rufus)**: Er war vor 65 n. *consul suffectus* und während der Bürgerkriegszeit Statthalter in Hispania citerior (Tac., hist. 4, 39, 4), d. h. in N- und O-Spanien. Tacitus, der ihn wegen dieser Funktion in den Historien fünfmal nennt, schätzt ihn wegen seiner *eloquentia* und Rechtschaffenheit. Als Quelle wird er nur einmal in den Historien, zweimal in den Annalen erwähnt, nie wegen einer abweichenden Überlieferung. Seine ‚Historiae' (↗ E 8) umfassen wohl die Zeit von Caligula bis Nero.

2. **Fabius Rusticus**: Tacitus stellt ihn (Agricola 10, 3) dem Livius gegenüber: Sie sind die *eloquentissimi auctores recentium* bzw. *veterum*. In den Historien zitiert er ihn nicht, in den Annalen dreimal wegen abweichender Überlieferung. Bei der ersten Nennung kritisiert er seine Ausführungen: *sane Fabius inclinat ad* (neigt zu) *laudes Senecae, cuius amicitiā floruit* (13, 20), ein anderes Mal indirekt seine Voreingenommenheit gegenüber Nero (14, 2), was für die Darstellung der Pisonischen Verschwörung (ann. 15, 61, 3) zu beachten ist. Er scheint die Zeit Neros voll Erbitterung beschrieben und Tac.' Beurteilung dieser Epoche mitbestimmt zu haben.

3. **Plinius d. Ä.** († 79 n. als Flottenpräfekt beim Vesuv-Ausbruch): Er war ein unerhört fleißiger Gelehrter, der aber auch mehrere militärische und politische Aufgaben wahrnahm und Vespasian befreundet und ergeben war. Unter seinen zahlreichen Werken, die sein Neffe, der Jüngere Plinius, im Brief 3, 5 auflistet, befinden sich auch Historien in 31 B.; er stellte die Zeit bis Nero und wohl einen Teil von Vespasians Regierung dar. Dieses Werk hat er nicht selbst veröffentlicht, *ne quid ambitioni dedisse vita iudicaretur*. Tacitus erwähnt das Werk einmal in den Historien und zweimal in den Annalen (↗ 15, 53, 3).

Diese Autoren wurden von Tacitus zusammengefasst und verdrängt wie die Annalisten von Livius. (↗ 6.2.3. Flach [1973])

E 13 P. (?) **Cornelius Tacitus** (ca. 55–ca. 120 n.)

1. Tac. stammt wohl aus der Provinz, vielleicht aus Gallia Narbonensis (der heutigen Provence) oder aus Gallia Cisalpina. Seine Ausbildung zum Redner erhielt er in Rom; 78 heiratete er die Tochter des Agricola (↗ Nr. 2). Seine Ämterlaufbahn erwähnt er hist. 1, 1, 3: *Dignitatem* (ehrenvolle Ämterlaufbahn) *nostram a Vespasiano incohatam, a Tito auctam, a Domitiano longius pro-vectam* (gefördert) *non ab-nuerim* (W) — d. h. er war unter Vespasian wohl *viginti-vir* (eine Sammelbezeichnung für

niedrige Ämter) oder *tribunus lati-clavius* (d. h. Kriegstribun mit einem breiten Purpurstreifen [*clavus*] an der Tunica — beide Ämter waren damals Vorbedingung für die weitere Ämterlaufbahn); unter Titus wurde er *quaestor* (was damals mit 25 Jahren möglich war), unter Domitian *tribunus plebis* oder *aedilis*. Außerdem war er im *collegium* der *quindecim-viri sacris faciundis* (einem der drei großen Priesterkollegien). 88 wirkte er in dieser Funktion bei den Säkularspielen mit; im selben Jahr war er *praetor* (ann. 11, 11) und wurde daraufhin für vier Jahre mit einer Aufgabe außerhalb Roms bedacht (Agricola 45, 5).
97 war er unter dem „Senatskaiser" Nerva (96–98) Konsul und hielt die Leichenrede auf seinen hochbetagten Kollegen L. Verginius Rufus (den Vormund des jüngeren Plinius).
100 trat er mit Plinius gemeinsam in einem Repetundenprozess auf, um 112/3 war er Prokonsul in Asia (wovon eine Inschrift erhalten ist). Während er anfangs nur als Redner gewirkt hatte, arbeitete er seit 98 wohl bis zu seinem Tod an im weitesten Sinn historischen Stoffen. 120
98 veröffentlichte er den ‚Agricola' und die sog. ‚Germania'.

2. Die Biographie über seinen Schwiegervater Cn. Iulius **Agricola** verzichtet auf alles Anekdotische, das etwa bei Nepos (↗ E 9. 3) die Viten stark bestimmt, erstrebt Erhabenheit — besonders am Schluss — und nähert sich durch einzelne Elemente der Geschichtsschreibung. Die Schrift gliedert einen Teil der Erzählung nach Jahren (ist hier also annalistisch), enthält einen Exkurs über Britannien und ein bedeutendes Redenpaar (Kap. 30–34) — also Elemente, wie wir sie bei Sallust (↗ E 10. 2/3) kennen. Historische Dimension gewinnt die Schrift außerdem durch die Gegenüberstellung von Agricola und Domitian. Ist das Werk auch gattungsmäßig schwer exakt festzulegen, so überwiegt doch in manchem die Biographie, für die der Preis des Beschriebenen selbstverständlich ist (etwa am Schluss); selbst die Verdächtigungen des Gegenspielers Domitian und das Weglassen seiner Verdienste zielen auf die Verteidigung von Agricolas Verhalten. Diese erscheint Tac. auch deswegen geboten, weil die stoische Senatsopposition einen entschlosseneren Widerstand erwartet hatte.
3. Die **Germania** bzw. die Schrift ‚De origine et situ Germanorum' berichtet über germanisches Leben allgemein und über die einzelnen Stämme. Die vielfach erörterte und z. T. ideologisch missbrauchte Schrift wird bezüglich ihrer Absicht sehr unterschiedlich beurteilt: Ist sie ein verselbständigter Exkurs, hat sie einen aktuellen politisch-militärischen Anlass (die Germanenkriege unter Domitian und Trajan), oder will sie am Beispiel der Germanen den Römern einen „Sittenspiegel" vorhalten? Der historische Quellenwert reduziert sich nach heutiger Forschungslage dadurch, dass mehrere Angaben über die Germanen bei der Beschreibung von Fremdvölkern typologisch vorgegeben sind.
4. Ca. im Jahre 102 erschien der **‚Dialogus de oratoribus'**, angeblich die Wiedergabe eines Gespräches aus etwa dem Jahre 75 n., an dem Tac. teilgenommen haben will — eine deutliche Parallele zu Ciceros ‚De oratore'.

Das Hauptthema ist der Verfall der Beredsamkeit und damit die dafür (un-)geeignete Staatsform: Republik oder Prinzipat. Die angesprochene Wendung des Maternus von der Anwaltstätigkeit zur Dichtung entspricht wohl der des Tacitus zur Geschichtsschreibung.

5. In der Zeit von ca. 105–110 arbeitete Tac. an seinen **Historien,** welche die Jahre 69–96 beschrieben, d. h. den Bürgerkrieg nach Neros Tod und die Dynastie der Flavier. Erhalten sind die B. 1–5 (Anfang), d. h. nur die Bürgerkriegszeit. Über die Buchzahl wissen wir durch Hieronymus († ca. 420), dass die ‚Kaisergeschichte' des Tac. (die sog. Historien und Annalen) zusammen 30 Bücher umfasste; davon weist man den beiden Werken 12 bzw. 18 oder 14 bzw. 16 Bücher zu. Im erhaltenen Teil der Historien liegt der Schauplatz großenteils außerhalb Roms.

6. Als letztes Werk verfasste Tac. die **Annalen**, doch ist die genaue Entstehungszeit, speziell das Todesjahr des Autors, unbekannt. Kaiser und stadtrömische Geschichte stehen im Vordergrund, wichtige Ereignisse der Provinzen werden aber nicht übergangen. Vollständig erhalten sind die B. 1–4 und 12–15, dazu größere Teile von B. 5/6 sowie von 11 und 16. Dargestellt waren die Jahre 14–68 (die überlieferte Fassung enthält nicht die Jahre 29–31/37–47 und endet mit dem Jahr 66). Tac. greift also in seinen historischen Werken immer weiter zurück: Zuerst behandelt er indirekt die Zeit Domitians (im Agricola), später das Drei- bzw. Vierkaiserjahr (Galba, Otho und Vitellius bzw. noch Vespasian) und die Flavier, schließlich das Julisch-Claudische Kaiserhaus — d. h. auch den Beginn der Prinzipatsepoche, die er noch abrunden wollte. Die Absicht, Augustus selbst und die Gegenwart (Nerva – Trajan) darzustellen, erwähnt er zwar ausdrücklich (ann. 3, 24, 3 bzw. Agricola 3, 3), ihre Ausführung kommt aber nicht mehr zustande.

7. Die beiden großen Werke, Historien und Annalen, zeigen eine bewusste **Komposition**; in den Annalen sind Bücher/Buchgruppen deutlich einzelnen Kaisern zugeordnet bzw. Buchanfang/-ende herausgehoben:
B. 1–6 behandeln Tiberius (mit klarem Einschnitt bei B. 4),
B. 7–12 Caligula und Claudius (ca. 3/4 sind verloren) und
B. 13–18 (16?) Nero; B. 13 enthält Neros gute Zeit (54—58).
Für die Historien erwägt man eine ähnliche Einteilung:
B. 1–6 Bürgerkrieg/Vespasian (B. 4 beginnt mit *Vitellio interfecto*),
B. 7–12 (14?) Titus/Domitian (vgl. Grant, Geschichtsschreibung 230).
Diese Gliederung ist z. T. wegen der Überlieferungslage Spekulation, eine Komposition nach Persönlichkeiten und Themen ist aber klar zu erkennen; insgesamt bleibt die annalistische Gliederung bestehen, besonders deutlich bei Tiberius. Eine Hexadenstruktur (Einheiten von 6 Büchern) zeigten schon Ennius' Annalen (↗ E 3. 1) und Vergils Aeneis.

8. Der **Stil** des Tac. ist nicht völlig einheitlich; abgesehen vom ‚Dialogus', der durch das Thema Beredsamkeit stark dem Stil Ciceros verpflichtet ist, nehmen die Abweichungen gegenüber dem klassischen Latein vom Agricola über die Historien bis zu den Annalen im Allgemeinen zu;

eine rückläufige Tendenz zeigt sich ab ann. B. 13, von dem an der Stil weniger „kühn“ wird. Tac.’ stilistisches Vorbild ist Sallust, dessen Besonderheiten (↗ E 10. 3) er steigert; zu erwähnen sind:

— die *brevitas* mit ihren vielen Ellipsen, was z. T. den Eindruck der Dunkelheit erzeugt; Tac. hat eher kurze Sätze, doch schließt dies lange Sätze (z. B. ann. 1, 2, 1) und Pleonasmen nicht aus,
— die *inconcinnitas*, d. h. die Vermeidung des parallelen Ausdrucks,
— die Vorliebe für *Antithesen*.

Bei der Lektüre fallen eine Reihe von Eigenwilligkeiten auf, die vielfach dem nkl. Latein zuzuschreiben sind (↗ R 4–19). Wichtiger als Einzelpunkte (etwa die Benützung von dichterischen Wörtern/Wortverbindungen) ist freilich die suggestive Kraft der psychologischen Darstellung oder die Lust am Entlarven, wenn etwa — nach Meinung des Tacitus — bestimmte Kaiser wohl einstudierte Rollen spielen.

9. Tacitus’ **Beurteilung als Geschichtsschreiber** ist umstritten; seine Werke sind nicht das Ergebnis eigenen Forschens, er fußt stark auf seinen Vorgängern (↗ E 12), die er (z. T.) nach künstlerischen Gesichtspunkten auswählt; doch hat er auch Primärquellen herangezogen: Er erwähnt öfter die Senatsakten (*acta senatus*) und hat z. T. auch Augenzeugenberichte benützt. Tac. ist sich der Schwierigkeit, die Nachrichten zutreffend zu bewerten, durchaus bewusst. Er verzeichnet die Tatsachen freimütig, fügt aber reichlich (ab-)wertende Interpretationen — oft nur in Andeutungen — hinzu, die den Eindruck des Lesers bestimmen (können). Doch manches, was wie eine persönliche Verdächtigung des Tac. wirkt, findet sich auch sonst in der Überlieferung. Die nach unserem Verständnis verschiedenen Ansätze von literarisch-künstlerischer Darstellung und wissenschaftlicher Geschichtsschreibung bilden für Tac. eine untrennbare Einheit; schon für Cicero war Geschichtsschreibung ein *opus oratorium maxime* (de legibus 1, 5). Der historische Quellenwert von Tac.’ Schriften ist in jedem Einzelfall zu prüfen; blinde Vertrauensseligkeit wäre ebenso verkehrt wie pauschale Verurteilung. Das Bemühen um historische Objektivität — auch für Cicero eine Pflicht des Historikers — ist Tac. nicht abzusprechen (↗ zu ann. 1, 1, 3), die Fähigkeit dazu war durch die damalige Zeit, die Vorurteile der kaiserzeitlichen Geschichtsschreibung (↗ E 12), seine persönlichen Erfahrungen in der Zeit des Domitian und durch die Denkweise der Senatoren, zu denen er zählte, erschwert. Tac. war nicht ausschließlich Künstler, doch auch kein Historiker im streng wissenschaftlichen Sinn. Tac. erzählt geschichtliche Zusammenhänge als Psychologe mit einem feinen Gespür für die Regungen von Einzelpersönlichkeiten und der Masse; er ist auch Politologe (Pöschl), der das Typische von historischen Vorgängen herausarbeitet.

2. Livius, Ab urbe condita (↗ E 11; ↗ 6.2.1)

2.1 Einrichtung eines Asyls durch Romulus (1, 8)

Nach der Schilderung der Stadtgründung und der Einsetzung des Herakles-Kultes (1, 4–7) gibt Liv. — entsprechend der damaligen „Kenntnis" dieser sagenumwobenen Zeit — in 1,8 Hinweise zur politischen Verfassung Roms, wobei er auch seine persönliche Meinung nicht verschweigt (§ 3). Er setzt die Erzählung mit der Gründung der Familien (Raub der Sabinerinnen) fort und beschließt den Abschnitt nach der Darstellung der ersten Kriege mit der Vergöttlichung des Romulus (1, 9–16).

8,1 **Rebus divinis**: Romulus, als König zugleich oberster Priester, Heerführer und Richter, hatte den Herakles-Kult übernommen.
multitudine ... in ... corpus: Eine bloße Ansammlung von Menschen (*multitudo*) wird jetzt zu einem politischen Gebilde (*populi unius corpus*) mit staatlicher Ordnung; zur Metapher *corpus* ↗ 2, 32, 8–12.
legibus ... iura dedit: Romulus erlässt als unumschränkter Herrscher, der Legislative und Exekutive in einer Person vereinigt, gesetzliche Bestimmungen (*leges*) und Rechtssatzungen (*iura*) — sicher keine schriftlich fixierte Verfassung, die es in Rom auch später nicht gab.

2 **generi hominum agresti**: Nach Liv. hatten sich mit Romulus und Remus zuerst *pastores* in Rom angesiedelt.
augustiorem: Der Anklang *augustiorem* — *Augustum* ist u. U. beabsichtigt; 27 v. Chr., als Liv. an Buch 1 arbeitete, erhielt Octavian den Ehrentitel *Augustus*; den Beinamen *Romulus* lehnte er ab. Zu möglichen Hinweisen des Liv. auf Augustus vgl. Burck (1992), Kapitel VIII über Augustus, besonders 167.
lictoribus: ↗ zu 3, 33, 8.

3 **augurio**: Im Streit um die Benennung der Stadt hatten Romulus und Remus die Götter angerufen; darauf waren zuerst Remus sechs, dann Romulus zwölf Geier erschienen (*augurium*); ähnlich erhielt Octavian bei seinem ersten Konsulat (43 v.) das Glückszeichen von 12 Geiern.
Me haud paenitet: Liv. stellt öfter verschiedene Überlieferungen nebeneinander; bevorzugt er eine bestimmte Meinung, so ist dies bei ihm nicht das Ergebnis wissenschaftlich-kritischer Quellenarbeit (↗ E 11. 3).
apparitores: Diener der Beamten (wie Schreiber, Herolde; hier die Liktoren); sie „erscheinen" (*apparēre!*), wenn sie gerufen werden.
ab Etruscis: Auch der Name Tarquinius (Priscus und Superbus — vgl. die etruskische Stadt Tarquinii) weist auf eine zeitweise politische Abhängigkeit Roms von den Etruskern, deren politische und kulturelle Blütezeit im 6./5. Jahrhundert v. Chr. anzusetzen ist. Etruskischen Ursprungs sind u. a. auch die Triumphzüge, Pferde- und Wagenrennen, Gladiatorenspiele, Opferschau und Vorzeichenkunde.

4 **Crescebat ... urbs**: Die erste latinische Ansiedlung lag auf dem Palatin; die sabinische Siedlung auf dem Quirinal bestand lange für sich.
in spem/ad id: *variatio* bedeutungsnaher Präpositionen, häufig bei Liv.

futurae multitudinis: Zur Zeit des Augustus hatte die Bevölkerungszahl wohl schon die Millionengrenze überschritten.

5 **conciendo ad se multitudinem**: Logisch kein Teil des AcI (die Stadtgründer verrieten sich nicht selbst), sondern ~ *concientes* (R 8) mit konzessivem Sinn: Sie holten die Leute, dennoch aber sagten sie . . .

natam . . . prolem ementiebantur: Anspielung auf die Kadmos-Sage; Kadmos, der Ahnherr der Thebaner, hatte auf Geheiß der Athene die Zähne eines erlegten Drachen „ausgesät", aus denen Krieger erwuchsen; später führten die Adeligen Thebens ihre Abstammung auf diese zurück.

locum . . .: Gemeint ist der Sattel zwischen den beiden Kuppen des Kapitolinischen Hügels (*arx* und *Capitolium*), die ursprünglich bewaldet waren (*inter duos lucos*). Zur Zeit des Livius war der Platz eingezäunt (*saeptus*); dort befand sich der Tempel einer Sühnegottheit, die für Zuflucht suchende Sklaven und Verbrecher zuständig war.

descendentibus: Dativ zur Bestimmung der Lage eines Ortes; ~ *si*-Satz; wahrscheinlich fehlt *sinistra* (vor *est*).

asylum: Solche Zufluchtstätten für entlaufene Sklaven und Verurteilte hatten die Griechen meist in heiligen Hainen oder bei Tempeln.

7 **consilium**: Urspr. eine Art Beirat des Königs, später der Senat; die Zahl der Senatoren geht u. U. auf 100 Geschlechter zurück.

Patres: Urspr. die Oberhäupter der Familien bzw. Geschlechter (*gentes*), die auch im Senat vertreten waren; außerdem Bezeichnung für die Gesamtheit der Senatoren und für die *patricii* im Gegensatz zur *plebs*.

Fr 1. Die Etrusker (Kurzreferat; vgl. Lexikon der Alten Welt).
2. Welche historischen Fakten sind in die Darstellung bei Livius eingegangen? (Kurzreferat; vgl. Lauffer 133–136)
3. Sprachlich-stilistische Analyse zu 8, 5:
a) Bestimmen Sie die Satzgliedfunktion der satzwertigen Konstruktionen und Nebensätze! b) Erstellen Sie nach einer Ihnen geläufigen Methode eine graphische Analyse der syntaktischen Struktur!
c) Inwiefern ist die Begründung der Asylmaßnahme sprachlich-stilistisch auffällig gestaltet?

2.2 Servius Tullius — ein Sklave als König? (1, 39–41)

Ein Sklavensohn im Königshaus? (1, 39, 1–40, 4)

Über die Herkunft des sechsten römischen Königs Servius Tullius existieren verschiedene Sagenversionen: Der Name *Servius* legt eine niedrige Abstammung nahe, vielleicht bestehen Verbindungen zum volskischen Geschlecht der *Tullii*; auch latinische Herkunft ist bezeugt, sogar göttliche Abstammung (s. u.). Er regierte z. Z. der etruskischen Vorherrschaft (Tarquinier!); er soll die Bürgerschaft in Zenturien eingeteilt und die sog. servianische Mauer zur Erweiterung der Stadtgrenzen erbaut haben.
Den Sturz des S. — nach 44-jähriger Regentschaft — bewerkstelligten die Söhne oder Enkel seines Vorgängers Tarquinius Priscus, die S. mit seinen

Töchtern verheiratet hatte; seine Tochter Tullia soll zusammen mit dem späteren Tarquinius Superbus ihren Vater getötet und dann ein rituelles Begräbnis verhindert haben (Liv. 1, 48).

39,1 **Eo tempore**: Zur Regierungszeit des Königs Tarquinius Priscus.
prodigium: Wegen des Feuerzeichens erscheint Servius Tullius bei Ovid (Fast. 6, 635 f.) als Sohn des Feuergottes *Vulcanus*.
2 **regina**: Tanaquil, die Gattin des Tarquinius Priscus.
3 **hunc lumen**: Statt *hoc lumen* zur Hervorhebung der Person; *lumen* ist (dichterische) Metapher für Hoffnung oder Rettung.
rebus nostris dubiis: Tarquinius hatte die Macht erlangt, obwohl die Söhne seines Vorgängers Ancus Marcius noch am Leben waren.
4 **quod . . . esset**: Konsekutiv-kausaler Nebensinn im Rel.-Satz.
5 **prohibet**: Bei Liv. häufig mit Infinitiv, seltener mit *ne*; auch mit bloßem Ablativ der Trennung *(prohibitam servitio)*.
servā natum: Liv. lehnt die offensichtlich an den Namen anknüpfende Version ab; die Sage, Servius sei Vulcans Sohn, übergeht er ganz.
Corniculum: Latinische Stadt, wohl im Osten von Rom.
6 **mulieres**: Tanaquil und Ocrisia, die Mutter des Servius Tullius.
quod: Zu *fortunam matris*, explikativ und kausal zugleich.

40,1 **Duodequadragesimo ferme anno**: Die Zeitangabe passt eher zu § 2 *tum*; Liv. versucht, die Fiktion einer genauen Chronologie durchzuhalten; Varro setzt Roms Gründung ins Jahr 753 (↗ zu 3, 33, 1), Romulus herrschte 37 Jahre, 100 Jahre nach seinem Tod (§ 3 *tenuerit regnum* ist unpräzis) ist also das Jahr 616.
non . . . modo, sed: Nkl. regelmäßig für *non solum, sed etiam.*
maximo honore (*erat*): Abl. qual.; geläufiger ist *in honore esse.*
2 **Tum Anci filii . . .: Tum . . . iis**: Anakoluth wegen des langen Einschubs.
3 **inde**: Gemeint ist „nach Tarquinius“.
servitia: *abstractum pro concreto*; oft bei Sallust, Livius, Tacitus.
post centesimum fere annum, quam: Nkl. kann nach Ordnungszahlen *quam* für *postquam* stehen; zur Zeitangabe ↗ zu § 1.
4 **sed**: Gedankliche Ellipse: Man hätte einen Anschlag auf Servius erwartet, aber . . .; dann folgen drei Gründe, warum ein Attentat gegen Tarquinius geplant wird: *dolor — quia . . . erat — tum . . . videbatur.*
futurus erat: Indikativ wegen der sicher zu erwartenden Rache des Königs.

Fr 1. Wie nimmt der Autor für Servius Tullius Partei?
2. Wie werden die Vorwürfe der Ancus-Söhne stilistisch hervorgehoben?
3. Versuchen Sie, die bisherige Geschichte über Servius Tullius knapp und sachlich zu erzählen (schriftlich!); machen Sie sich dann die Akzente klar, die Livius in seiner Darstellung setzt!

Das Attentat und die Folgen (1, 40, 5–41, 7)

40,5 **vestibulum**: Zur Straße hin offener, an drei Seiten von den Gebäudeteilen eingerahmter Vorplatz; in Palästen mit Säulenhallen umgeben.
regem appellarent: Zur Stellung des Königs ↗ zu 8, 1.

6 **coerciti**: Der Liktor übt seine Strafgewalt hier nur mit Worten aus.

7 **se foras eiciunt**: Der dabeistehende Liktor wird von Liv., der öfter Nebenumstände übergeht, aus Gründen der Konzentration der Erzählung vernachlässigt; ebenso wird 41, 4 das Beil „vergessen" (↗ E 11.4).

41,1 **spes subesset, ... destituat spes**: Die Tempuswahl verstärkt den durch die chiastische Stellung angedeuteten Gegensatz zwischen dem, was der Königin irreal erscheint (*tamquam spes subesset*), und ihrer eigenen Meinung (*si destituat spes*).

3 **Tuum ...**: Tanaquil sieht ihre Deutung des Flammenzeichens bestätigt und nimmt mit bewussten Wortanklängen darauf Bezug; ↗ Fr 2.

4 **ex superiore parte**: Fenster zur Straße gab es nur in den oberen Stockwerken, das Erdgeschoss hatte die Öffnungen zum Innenhof.

Nova via: Sie verlief an der N- und W-Seite des Palatins.

ad Iovis Statoris (*aedem*): Am N-Aufgang des Palatins; der Tempel wurde von Romulus im Kampf mit den Sabinern gelobt (damit Jupiter die Flucht der Römer zum „Stehen" bringe).

5 **Iubet ...**: Der Situation entsprechend kurze Sätze mit Ellipsen des Subj.-Akk., z. B. (*regem*) *redisse;* (*se* statt *eum*) *iubere* entspräche Tanaquils beherrschender Rolle; die Unklarheit ist wohl Absicht.

alia ... munia: Politische, religiöse und militärische Aufgaben.

6 **trabea**: Der königliche „Amtsmantel" war purpurfarben mit weißem Saum (wie die *toga praetexta*).

sede regia: Die *sella curulis* (aus Elfenbein oder elfenbeinverziert), der von den Königen eingeführte „Wagen- und Gerichtsstuhl" (von *currus*!), war ein Klappstuhl ohne Seiten- und Rückenlehne, später der Amtssessel der höheren („kurulischen") Beamten: der Konsuln, der Prätoren und der sog. kurulischen Ädilen (seit 367 v.).

in-iussu populi, voluntate patrum: D. h. ohne Weisung des Volkes, das nach Romulus' Tod seine Mitwirkung bei der Königswahl durchgesetzt hatte; der Senat gibt keine förmliche Bestätigung (*auctoritas;* ↗ zu 3, 18, 6), es werden keine Auspizien eingeholt. Die nicht rechtmäßige Machtübernahme deuten auch andere Autoren an, z. B. Cic. rep. 2, 37 f.

Fr 1. Was wird bei Tanaquils erster Reaktion auf das Attentat (41,1 f.) nur knapp dargestellt, was wird betont?

2. a) Worauf nimmt Tanaquil in ihrer Rede (41, 3) ausdrücklich Bezug?

b) Wie wird durch die sprachlich-stilistische Gestaltung (Wortwahl, Satzbau) die Intention der Königin deutlich?

2.3 Das Ringen der plebs um libertas (2, 23–24)

Schuldknechtschaft — ein unerträgliches Los (2, 23, 1–15)

Für Liv. bildet die innenpolitische Auseinandersetzung zwischen den beiden Ständen der Patrizier und Plebejer ein zentrales Thema besonders der Bücher 2–6. Obwohl die freien plebejischen Kleinbauern und Handwerker die Hauptlast der dauernden Kriege um die römische Vorherrschaft in Latium tragen mussten und einzelne Plebejer wirtschaftlich sehr erfolgreich

waren, blieb den Plebejern insgesamt die politische, wirtschaftliche und gesellschaftliche Gleichsetzung mit den Patriziern lange versagt. Diese wurde im Verlauf von etwa 200 Jahren (ca. 495–287 v. ↗ Anhang 6.5 im Textband) mühsam in den sog. Ständekämpfen errungen (↗ Fr 5).
Die Auseinandersetzung entzündete sich am Problem der Schuldknechtschaft (Text 2.3). Wesentliche Etappen des Streites waren die Einrichtung des Volkstribunats (Text 2.4), die Schaffung des Zwölftafelgesetzes (Text 2.7) und der stufenweise Zugang zum *cursus honorum.* Dadurch wandelte sich schrittweise der alte patrizische Blutadel zu einem Amtsadel, d. h. zu einer beide Stände umfassenden staatstragenden Schicht, der sog. Nobilität (weitgehend schon 367 v.: Ende von B. 6). Den Abschluss der Kämpfe bildete die *lex Hortensia,* durch welche die schon 494 v. eingeführten Plebiszite für das Gesamtvolk rechtsverbindlich wurden: 287 v.
Dieser Wandel war für die weitere Entwicklung Roms bedeutsamer als der Übergang von der Königszeit zur Republik. In dieser neuen Form konnte der römische Staat zuerst die Herrschaft über Italien ausdehnen und so den Grundstock für das römische Imperium legen. Die nächste entscheidende Wandlung für die Gesellschaft und für die Regierungsform brachte der Prinzipat des Augustus (Text 5.1).

23,1 **bellum Volscum**: Die Volsker sind ein altitalisches Volk im südlichen Latium (vor allem zwischen den Flüssen Liris/Tolerus und der Küste) und im nördlichen Kampanien; ihre Kämpfe mit Rom beginnen im 5. Jh. und enden 338 v. (Ende des Latinerkrieges).

nexos ob aes alienum: *nexus* (*ob aes alienum*) bezeichnet
a) einen freien römischen Bürger, der aufgrund seiner Schulden in einem feierlichen Darlehensvertrag dem Gläubiger versprach, bei Zahlungsunfähigkeit in persönlicher Haft seine Schuld abzuarbeiten; er hatte als „Haftkandidat“ noch eine Frist von 30 Tagen (Liebs 192);
b) den für den Gläubiger bereits arbeitenden „Schuldknecht“; ↗ Fr. 4.

2 **gliscere**: ~ *crescere* ↗ zu Tac. ann. 1, 1, 2.

5 **Sabino bello**: Die Sabiner, mit denen Romulus kämpfte (↗ zu 1, 41, 4) und Bündnisse schloss, sind wohl ein anderes Volk als die Nachbarn Roms im NO, die von ca. 505 v. bis zur Mitte des 5. Jh. mit Rom dauernd Krieg führten. Aus diesem Gebiet kamen Herdonius (↗ zu 3, 16, 1) und Attus Clausus (↗ zu 3, 33, 7). Die endgültige Unterwerfung der Sabiner beginnt 304 und endet 268 v. mit der Verleihung eines eingeschränkten Bürgerrechts (*civitas sine suffragio*).

tributum ... aes alienum: Die nach Tribus, politisch organisierten Bezirken, auferlegten Abgaben des Bürgers an den Staat wurden regelmäßig nach dem Vermögen und — wie wohl hier — im Bedarfsfall im Krieg erhoben (bis 167 v.; ↗ zu 45, 41, 7); über die Höhe dieser Steuern und eine Steuerbefreiung für Ärmere gibt es keine genauen Angaben.

6 **cumulatum usuris**: Wenn Zinsen nicht bezahlt werden konnten, wurde damit das Schuldkapital erhöht; der Zinssatz stand vor dem Zwölftafelgesetz im Belieben der Gläubiger (Tac. ann 6, 16); danach betrug er 12 %, später 6 %, unter Augustus zeitweise 1 % monatlich. Das Zinsübel war nach Tac. (s. o.) *seditionum discordiarumque creberrima causa.*

agro, fortunis aliis (d. h. Haus- und Ackergeräte): Die Haftung mit dem Besitz schob die persönliche Haftung (*ad corpus*) noch auf. In den europäischen Ländern wurde die Schuldhaft erst um 1870 abgeschafft.
non in servitium: Die übliche Sklaverei war also, verglichen mit einer harten Schuldhaft (§ 7 *verbera*), mild.
ergastulum (gebildet wohl nach *vinculum* für gr. *ergastērion*): Eine Art Zuchthaus, oft unterirdisch; dort mussten die *nexi* angekettet arbeiten.
8 **vincti solutique**: Die beiden Arten von Schuldknechten — gefesselte und ungefesselte — stürzten aufs Forum. Wegen der Auswüchse wurde im Zwölftafelgesetz das Gewicht der Fußfessel auf 15 röm. Pfund ~ 5 kg begrenzt (Tafel III 3; ↗ zu BT 1).
Quiritium: Nach der Überlieferung der Sage die alten Sabiner (↗ zu § 5), die unter Romulus den Quirinal besiedelten, benannt nach ihrer Hauptstadt *Cures*; in historischer Zeit war *Quirites* die ehrenvolle Bezeichnung für die römischen Bürger, v. a. in der Volksversammlung.
10 **P. Servilius**: Die Servilier gehören zu den unter König Tullus Hostilius in den Senat aufgenommenen Adelsfamilien des zerstörten Alba Longa; das Geschlecht war zur Zeit der Republik bedeutend.
Ap. Claudius: Ein Vorfahr des gleichnamigen Dezemvirn (↗ zu 3, 33, 7).
11 **Haec se meritos ...**: Ironisch-aggressive Vorwürfe der *nexi*.
12 **per infrequentiam senatūs**: Über die zur Beschlussfassung nötige Mindestzahl der damals ca. 300 Senatoren ist nichts Sicheres bekannt.

Fr 1. Wie wird das Schlüsselwort *libertas* in § 2 verwendet?
2. Die Schilderung des Aussehens und der Erzählung des Centurio ist ein typisches *exemplum* des Livius; was will der Autor damit aussagen?
3. Inwiefern enthält die Passage wesentliche Elemente eines Dramas?
4. Varro († 27 v.) definiert *nexus* in seinem Werk ‚De lingua Latina' (7, 105) folgendermaßen: *Liber, qui suas operas in servitute pro pecunia, quam debebat, dat, dum solveret, nexus vocatur.*
Vergleichen Sie damit die Aussagen des Livius!
5. Hintergrund und Ursachen der Ständekämpfe (Kurzreferat; z. B. nach: Christ, Die Römer 18 ff.; Lauffer 142–145).

Äußere Bedrohung — innere Einheit (2, 24, 1–8)

24,1 **Latini equites**: Nach der Niederlage am See Regillus 496 v. waren die Latiner Verbündete Roms; sie erhoben sich erst im 4. Jh. wieder gegen die römische Vorherrschaft. — **Volscos**: ↗ zu 23,1.
2 **praemia:** Jede Art von Kriegsbeute, auch Landnahme.
4 **contio**: ↗ zu 3, 34, 1.
de maxima ... parte ...: Der cos. betont geschickt die Bedeutung der *plebs* (*maxima*), ordnet sie aber dem Staatsganzen (*universa*) unter.
6 **edicto ..., quo edixit**: Pleonasmus; durch die Einfügung des Relativsatzes hängt der folgende *ne*-Satz nicht von einem Substantiv ab.
quo minus ... fieret: Ein „Schuldknecht" hatte nicht die Möglichkeit

(*potestas*), sich zum Militärdienst zu melden; gerade der Kriegsdienst ist aber den *patres* in dieser Situation wichtig.
liberos . . . moraretur: Bisher konnten auch Kinder und Enkel zum Abarbeiten der Schuld herangezogen werden, wenn der Schuldner selbst wegen seines Militärdienstes nicht greifbar war.

Fr 1. Untersuchen Sie § 2/3 sprachlich-stilistisch; verdeutlichen Sie die Bezüge und Antithesen von § 2 in einer graphisches Analyse!
2. Welche Argumente bringt der Konsul (§ 4–6), woran appelliert er?

2.4 Die secessio plebis — Menenius Agrippa (2, 32–33)
(Vgl. Barié, P.: Menenius Agrippa . . .: ↗ 6.2.3)

32,2 **Quo facto**: Die Patrizier hatten die nach dem vorangegangenen Krieg noch nicht vom Fahneneid entbundenen Soldaten unter dem Vorwand eines neuen Krieges aus der Stadt führen lassen.
solverentur sacramento: Die auf die Konsuln eidlich verpflichteten Soldaten bei Dienstende förmlich zu entlassen, war übliche Tradition, aber kein festgelegtes Recht; daher kommt es hier zu Schwierigkeiten.
Sicinio: C. Sicinius war bei der ersten *secessio plebis* wichtig, nach der Parallelüberlieferung z. T. führend; später gehörte er zu den ersten Volkstribunen (33, 2). Der C. Sicinius i. J. 449 v. (3, 54, 12) ist ein „Doppelgänger".
in Sacrum montem: Hügel im NO von Rom am rechten Anio-Ufer; die Voranstellung des Adjektivs ist bei Liv. üblich; vgl. 1, 41, 4 *Nova via.*
3 **in Aventinum**: Nach der Überlieferung gibt es drei *secessiones plebis* (494, 449, 287 v.) als Kampfmaßnahme zur Durchsetzung plebejischer Forderungen; für die ersten beiden wird sowohl der *mons sacer* als auch der Aventin als Ziel der „Auswanderung" genannt, die dritte — historisch gesicherte — führt auf den Janikulus (↗ zu 3, 54, 5). — **Piso**: ↗ E 4.1.
4 **vallo fossaque communitis castris**: Diese Wortfolge begegnet häufig statt der „schulmäßigen" Wortstellung (*castris vallo fossaque communitis*).
5 **relicta . . . plebes**: Demnach waren nur die unter Waffen stehenden Plebejer ausgezogen.
8 **Menenium Agrippam**: *Agrippa* ist der Vorname, der hier — wie auch sonst häufig — nach dem Gentilnamen steht; später ist *Agrippa* oft Cognomen. Die Historizität des Ereignisses ist umstritten; in anderen Quellen wird der zurückgetretene Diktator Valerius als Vermittler genannt.
10 **ne . . . nec . . . nec**: Klassisch wird *ne* durch *neve* fortgeführt.
11 **vivimus vigemusque**: Liv. verwendet öfter die Alliteration synonymer Wörter.
33,1 **sui magistratus**: Die Volkstribunen (nur Plebejer!) waren die Vertreter der *plebs* gegenüber den Patriziern; ihre Zahl erhöhte sich bis 449 v. auf zehn. Sie waren aufgrund eines heiligen Eides in ihrer Person unverletztlich (*sacrosancti*) und wirkten zunächst v. a. zum Schutz von Leben und Eigentum der Plebejer (*auxilii latio*). Sie hatten
1. das Interzessionsrecht: Sie konnten gegen jeden Akt eines Magistrats oder gegen Senatsbeschlüsse ihr „Veto" einlegen;

2. das Rogationsrecht: Sie durften Versammlungen der *plebs* einberufen und ihnen Beschlüsse zur Abstimmung vorlegen; diese *plebiscita* wurden durch die *lex Hortensia* 287 v. für das Gesamtvolk rechtlich bindend;
3. das Koerzitionsrecht: Widerstand gegen ihr Einschreiten brachen sie durch Verhaftung und Verurteilung.
Später nahmen sie auch an Senatssitzungen teil, ab 149 gehörten sie nach ihrer Amtszeit dem Senat an; seit den Gracchen waren sie Vorkämpfer der Popularen. Die Bedeutung des Amtes zeigt sich u. a. daran, dass sich Cäsar und Augustus die *tribunicia potestas* auf Lebenszeit verleihen ließen.

Fr 1. Verdeutlichen Sie die Konstruktion von 32, 9 graphisch!
2. Zeigen Sie auf, dass die *narratio* des Menenius kunstvoll gestaltet ist!
3. Nach dem Herder-Lexikon Literatur von [2]1974 ist eine Parabel eine „lehrhafte Erzählung, die eine Wahrheit an einem modellhaften (analogen) Vorgang innerhalb einer anderen Bezugsebene verdeutlicht. Im Gegensatz zum Gleichnis besteht der Bezug zwischen beiden Bereichen nicht nur in einem Punkt, sondern der modellhafte Vorgang als Ganzes ist aussagekräftig."
a) Erläutern Sie den Bezug der beiden Bereiche an unserem Beispiel!
b) Überprüfen Sie eine literarische Einordnung als Fabel oder Gleichnis! (Gehen Sie dabei von einer Definition dieser Literaturgattungen aus!)
4. Vergleichen Sie mit der Parabel des Menenius Agrippa, wie der Apostel Paulus im 1. Korintherbrief den Gedanken vom Leib und den Gliedern gestaltet (1 Kor 12, 12–27)!

2.5 Coriolan — Gegner der plebs und Feind Roms (2, 34–40)

(Vgl. Holzberg, N.: Auxilia 39, 7 – 25 ↗ 6.2.3)

Die Verbannung — Ursachen und Folgen (2, 34, 7 – 39, 12)

Auch die Episode um *Marcius Coriolanus,* eine der großen Figuren der Legende Roms, gestaltet Liv. teilweise unter dem Blickwinkel der sozialen Spannungen und innenpolitischen Auseinandersetzungen. Coriolan war angeblich ein Nachkomme des vierten Königs *Ancus Marcius* (1, 40, 2), des sagenhaften Ahnherrn der *Marcier.* Während Coriolan als engagierter Vertreter der Patrizier erscheint (bei Liv. mehr als bei Dionys von Halikarnass: vgl. Pabst, AU 20: 6.2.1.2), tritt ab dem 4. Jh. das Geschlecht der plebejischen *Marcier* hervor. *Coriolan* hat seinen Beinamen von der latinischen Stadt *Corioli,* die schon Plinius d. Ä. nicht mehr genau lokalisieren konnte; diese war angeblich 498 durch die Volsker (↗ zu 2, 23, 1) erobert und 493 durch Coriolan zurückgewonnen worden.

34,7 **M. Minucio . . . A. Sempronio**: Die *Minucier* waren ein altes Geschlecht, das in der 1. Hälfte des 5. Jh. v. mehrere Konsuln stellte. 497 (im ersten Konsulat des M.) wurde der Saturntempel im N des Forum geweiht, von dem noch acht jonische Säulen stehen.
Die *Sempronier* waren im 5. Jh. Vorkämpfer der Patrizier; seit 304 v. sind nur noch plebejische Vertreter bekannt, berühmt sind v. a. die Gracchen.

Sicilia: Die Insel war im Altertum wegen ihrer Waldbestände und Quellflüsse sehr fruchtbar; der Ausdruck „Kornkammer (Italiens)“ geht auf den Älteren Cato zurück. Sizilien wurde um 240 die erste römische Provinz.

8 **premendae plebis recuperandique iura**: *variatio* Gerundiv — Gerundium. Die Haltung der *patres* erscheint reaktionär, die Formulierung übertrieben; der Ausgleich der Stände war eher oberflächlich gewesen.

9 **plebeios magistratus**: Die (zehn?) Volkstribunen (↗ zu 33,1) und (zwei) *aediles plebeii,* ursprünglich die Verwalter des Ceres-Tempels (*aedes*) auf dem Aventin (Sonderheiligtum der *plebs*); da am Heiligtum früher Markt gehalten wurde, übernahmen die Ädilen auch dessen Kontrolle. Es gab damals mehr plebejische Beamte als patrizische (E. Meyer 174).

potentem . . .: Krasse Überzeichnung der als unerträglich empfundenen Macht der Volkstribunen, die es zu beschneiden gelte.

10 **Tarquinium . . . non tulerim**: Nach der Sage war Coriolan an der ca. 17 Jahre zurückliegenden Vertreibung des Tarquinius Superbus beteiligt; gewisse chronologische Schwierigkeiten (Coriolan war bei der Rückeroberung von Corioli *adulescens*) kann man mit dem freien Gebrauch von *adulescens* erklären, das gelegentlich für *iuvenis* (bis ca. 45 Jahre!) vorkommt.

avocet plebem: Vgl. die Rolle des Sicinius in 2, 32, 2 ff.

alios-que colles: Höhnische Übertreibung (↗ zu 2, 32, 3).

annona, quam . . . fecere: Da infolge der *secessio* (*furor*!) der Ernteertrag ausgeblieben war, hatte sich das Getreide sehr verteuert.

35,1 **plebem . . . armavit**: *ira armavit* ist ein bildhafter Ausdruck, zugleich aber ein Hinweis auf einen drohenden bewaffneten Konflikt.

de tergo . . . satisfiat: Die *plebs* fürchtet, plebejische Schuldner könnten infolge von Coriolans Einfluss wieder durch Gläubiger ausgepeitscht bzw. hingerichtet werden — unter Ausschaltung der Tribunen.

2/3 **tribuni diem dixissent**: Die Tribunen besaßen neben ihrem Recht auf Hilfeleistung (*auxilium*) auch die Möglichkeit, diese Hilfe durch Verhaftung und Todesandrohung (*poena*) zu erzwingen (↗ zu 2, 33, 1); die *plebs* hat wohl auch das Recht beansprucht, in solchen Fällen zu richten (*iudicem . . . dominum vitae necisque*). Diese weiter gehenden Rechte werden z. T. bestritten (z. B. von Coriolan: § 3), z. T. erst für spätere Zeiten angenommen. Hier soll Coriolan wegen Verletzung der Volksrechte von der Versammlung der *plebs* angeklagt werden.

unius poena . . . tamen (§ 4): Trotz der bald deutlichen Notwendigkeit eines „Opfers“ (Bestrafung Coriolans) wollten die Patrizier ihren Standesgenossen zunächst noch retten.

4 **clientibus**: Die Klienten erscheinen bei Liv. vor der Zwölftafelgesetzgebung als von der *plebs* verschiedener Stand; sie waren den Patriziern verpflichtet und standen unter ihrem Rechtsschutz. Später unterscheidet Liv. nicht mehr zwischen Klienten und *plebs.*

5 **innocentem . . . pro nocente**: Hinter dem Spiel mit Worten verbirgt sich wohl ein leiser Zweifel an der Unschuld Coriolans; die Patrizier können in dieser Situation nur um „Begnadigung“ bitten.

6 **absens**: Nichterscheinen vor Gericht galt als Schuldeingeständnis.

39,6 **sive infensus . . . sive ut . . .**: Inkonzinnität; die beiden genannten Ursachen müssen sich nicht ausschließen.

7 **maximum concordiae vinculum**: Der Wechsel zwischen außenpolitischer Ruhe/innenpolitischer *discordia* und *externus timor* als *concordiae vinculum* ist bei der Darstellung der Zeit der Ständekämpfe häufig.

9 **Sp. Nautius**: Erster Vertreter einer *gens,* die im 3. Jh. v. ausstirbt.
iam: Liv. deutet zeitlich eine Lücke an; er übergeht wohl zwei Konsulpaare der Parallelüberlieferung. Liv. war in chronologischen Fragen auf die Annalisten angewiesen; eine offiziell anerkannte Chronologie gab es nicht (↗ E 3.2 und 9.3).
Sex. Furius: Angehöriger einer weit verzweigten altpatrizischen *gens,* deren berühmtester Vertreter M. Furius Camillus († ca. 365 v.) war.

10 **relatio**: Bericht des Konsuls zu Beginn der Senatssitzung, oft verbunden mit einem Antrag (*mihi placet/censeo*).

11 **ager**: Im Krieg erobertes Gebiet der Volsker.

12 **Sacerdotes . . . insignibus velatos**: Die römischen Priester waren auf Lebenszeit gewählt und damals ausnahmslos Patrizier. An welche Priesterschaften hier zu denken ist, lässt sich nicht sagen. Die Kleidung der einzelnen Gruppen war verschieden; häufig waren ein Priesterkleid (*trabea* ↗ zu 1, 41, 6), eine spitz zulaufende Priestermütze und ein Stirnband. Da einigen Priestern der Gebrauch des Pferdes untersagt war, ist *isse* wohl wörtlich zu nehmen (d. h. zweimal ca. 7,5 km).

Fr 1. Wie charakterisiert Livius die Handlungsträger Coriolan, die Patrizier und die Plebs (34, 9 – 35, 6)? Unterscheiden Sie dabei zwischen direkter Charakterisierung (wertende Aussagen des Autors) und indirekter (in den Reden der Beteiligten)! (Gruppenarbeit)
2. Untersuchen Sie Coriolans Rede (34, 9–11) sprachlich-stilistisch!
3. Welche Begriffe bezeichnen die Haltung der *plebs* (35, 1–6; 39, 5–9)?
4. Welche Mittel der Dramatisierung verwendet Livius?
5. Vergleichen Sie die Charakterisierung Coriolans durch Livius mit der Wertung des Valerius Maximus (Verfasser einer Anekdotensammlung, 1. Jh. n.): *Coriolanus, maximi vir animi et altissimi consilii optimeque de re publica meritus, iniquissimae damnationis ruinā prostratus ad Volscos infestos tunc Romanis confugit* (5, 4, 1).

Roms Rettung durch die Frauen (2, 40, 1–12)

40,1 **Veturia, Volumnia**: Angehörige bedeutender Familien; im Kampf gegen Herdonius wird der Sieg einem Volumnier verdankt (3, 18, 9).
parum invenio: Formel, mit der Liv. den Widerspruch seiner Quellen andeutet, ohne sich zu entscheiden (↗ zu § 10).

3 **ut qui** (+ Konj.): Eigtl. „wie (ein solcher), der . . .“; bei Livius häufig auch mit kausalem Sinn, wie *quippe qui* (+ Konj.).

nec **publica maiestate** **in legatis**
nec **in sacerdotibus** **tanta offusa oculis animoque religione:**

Liv. baut mit diesem Satz einen sprachlichen Komplex von sich gegenseitig durchdringenden politischen und religiösen Normen; die so formulierten Maßnahmen mussten einen Römer zum Nachgeben bringen — hier aber unterstreichen sie Coriolans Hartnäckigkeit.

4 **familiarium**: Eher im Sinne von *amicorum* als von *servorum.*

tibi . . . adsunt: *tibi* steht betont zwischen *mater* und *coniunx,* Veturia wird — wie auch vorher (§ 2) — durch die Voranstellung von *mater* herausgehoben (↗ Fr 3); *tibi adsunt* ~ *adsunt, ut te visitent.*

5 **Coriolanus . . ., mulier . . .**: In einem Satz wird — psychologisch wirkungsvoll — der Stimmungswechsel beider Personen nachgezeichnet: Coriolan, eben noch *multo obstinatior* (§ 3), zeigt sich plötzlich *ut amens*; Veturia, die ursprünglich für Rom hatte bitten wollen, greift, als sie Coriolans Reaktion sieht, zu dem offensichtlich wirkungsvolleren Mittel des Zorns. Der rasche Umschlag der Stimmung Veturias wird durch besondere Kürze des Ausdrucks nachgebildet.

sine . . . sciam: Häufig belegte Parataxe; h. „erlaube, ich möchte wissen“; sonst steht *sinere* mit Inf./AcI (z. B. 45, 41, 2).

8 **Ergo ego . . . Sed ego . . .** : Veturia spricht als Mutter (*peperissem*) und als Römerin (*patria*) zugleich. Der früh verstorbene Vater wird nie erwähnt; aus dieser familiären Situation will Plutarch († ca. 120 n.) in seiner Biographie Coriolans Charakter erklären.

9 **nec . . . futura sum**: Der Satz beinhaltet den zweiten Grund, weshalb Veturia eigentlich nichts mehr zu fürchten hat.

De his videris: Asyndetischer Anschluss; es geht Veturia also um Volumnia und die Kinder, daher steht *de his* am Satzanfang; *videris* hat stark auffordernden Charakter (imperativisch gebrauchtes Futur II).

Uxor . . . virum: Drei etwa gleich lange Glieder (*uxor . . . fletusque . . . et comploratio . . .*) laufen auf den Begriff *fregēre* hin, der durch seine Stellung — vor *tandem virum* — hervorgehoben wird. *virum* steht bewusst am Satzende: Der ganze Mann wird gebrochen (vielleicht ist auch an die Körperhaltung zu denken!), nicht nur seine Einstellung.

10 **invidia rei oppressum**: Ein kühnes Bild dafür, dass Coriolan letztlich durch die Erbitterung und den Hass der Volsker umgekommen sei; über die genauen Todesumstände lässt sich Liv. angesichts der unterschiedlichen Überlieferungen nicht aus (*alii alio leto*): entweder wurde Coriolan von erbitterten Volskern als Verräter getötet oder er wurde auf Anstiften des Attius Tullius gesteinigt oder er starb durch Selbstmord. Die Wendung *alii alio* und ähnliche Formeln (*alii . . . alii; plures auctores, veterrimi auctores*) bedeuten nicht, dass Liv. gleichzeitig eine Vielzahl von Quellen benutzt hätte; solche „Verweisformen“ fand Liv. wohl schon bei seinen Vorgängern, vgl. Burck (1992) 16. Liv. entscheidet sich hier wegen einer gewissen Wahrscheinlichkeit (wie in ca. einem Viertel der Fälle) für Fabius Pictor (*antiquissimus auctor*); vielfach lässt Liv. die Entscheidung ganz offen (↗ zu § 1); in etwa der Hälfte der Fälle (130 Stellen) legt er eine Entscheidung vor und begründet sie; vgl. Burck (1992) 33.

11 **multo miserius seni**: Der Vergleichspunkt *quam iuveni* muss hier nach der ausführlichen Darstellung nicht angeführt werden.
adeo . . . vivebatur: Tadelnde Anspielung auf die Gegenwart des Livius.

12 **templum Fortunae muliebri**: Er lag etwa 7 km südlich von Rom an der *via Latina*, wo die Frauen Coriolan zur Umkehr bewogen hatten; er ist aber wohl älter als die überlieferte Episode. In dem Tempel, den nur ehrbare Frauen in erster Ehe betreten durften, wurde *Fortuna* allerdings als Garantin für häusliches Glück und Kindersegen verehrt.

Fr 1. a) Wie wird in § 2 die Initiative der Frauen stilistisch betont?
b) Erläutern Sie die sprachlich-stilitische Gestaltung von § 3!
2. Inwiefern belegt die Ausgestaltung der Begegnung Coriolans mit Veturia die Meinung, Liv. sei ein Vertreter der „dramatischen Geschichtsschreibung"?
3. Fassen Sie den Aufsatz von A. Reichenberger über die Coriolan-Erzählung zusammen! (Kurzreferat; in: Wege zu Livius 383–391)
4. Die Gestalt Coriolans wurde später unterschiedlich dargestellt: „Zu lehrhaften Zwecken wird das Bild des getreuen Sohnes beschworen. Droht eine Invasion, ein Bürgerkrieg, wird der Verräter der Heimat gebrandmarkt. Der Sozialismus fand in Coriolan eine finstere Figur des Klassenkampfes. Die Psychologie entdeckt seinen Mutterkomplex, aus dem geharnischten Helden wird der psychopathische Fall."
(B. Kytzler: Shakespeare, Coriolan. Berlin 1965, 104 f.)
Inwiefern finden sich die Wurzeln dieser Deutungen schon bei Livius?
5. Stellen Sie den Inhalt einer der dramatischen Ausgestaltungen des Coriolan-Stoffes knapp dar und tragen Sie je eine Kernstelle vor, die der Charakterisierung Coriolans besonders dient! (Kurzreferate)
— Collin († 1811), Coriolan (Beethoven schrieb dazu die Ouvertüre!)
— Shakespeare, Tragedy of Coriolanus
— Brecht, Coriolan von Shakespeare
— Grass, Die Plebejer proben den Aufstand

2.6 Aufstand unter Appius Herdonius (3, 14–18)

Politisches Taktieren der Patrizier (3, 14, 5 – 15, 3)

Die *lex Terentilia* (462 v.) zielte im Rahmen der schon seit ca. 495 dauernden Ständekämpfe (↗ Texte 2.3 und 2.4) auch auf eine allmähliche Rechtsgleichheit zwischen Patriziern und Plebejern und eine Kodifizierung der Gesetze. Inmitten des acht Jahre tobenden Kampfes um diesen Gesetzesantrag besetzte der Sabiner Appius Herdonius mit einem starken Gefolge das Kapitol, so dass die politische Ruhe Roms von außen (↗ 15, 4) und von innen bedroht wurde.

14,5 **Mediis diebus**: D. h. bis zu den nächsten Versammlungstagen. Durch volksfreundliches Verhalten versuchten die Patrizier, die Entscheidung über den Gesetzesantrag nicht nur kurzfristig zu verzögern, sondern sogar langfristig zu vereiteln.

quibus ... non agerent: Der Konj. ist iterativ (R 19) oder kausal.
eisdem illis: Damit weist Liv. auf die im nicht mehr abgedruckten Text (14, 3) erwähnten *iuniores patrum* ~ *iuventus* (auch 15, 2/3); diese sind Freunde des eben verurteilten Patriziers Quinctius Caeso (↗ zu 15, 3) und leisten, von ihren zahlreichen Klienten unterstützt, Widerstand gegen den Gesetzesantrag der Volkstribunen. Die *seniores patrum* (15, 3) haben schon weitgehend nachgegeben (14, 2); nur in der Hetzrede der Tribunen erscheinen sie noch als Anstifter aller volksfeindlichen Aktionen (15, 3).
sine interpellatione: Ohne Störung vonseiten der Patrizier; nicht zu verwechseln mit dem Vetorecht (*ius intercessionis*) der Volkstribunen gegen die Amtshandlung eines *magistratus.*
concilia: Es handelt sich um die seit der *secessio* gewährten *concilia plebis*, die von den Volkstribunen einberufen und geleitet wurden. Die Beschlüsse (Plebiszite), die bei diesen Versammlungen getroffen wurden, hatten allerdings keine Gesetzeskraft, da sie nicht von der Gesamtbevölkerung gefasst wurden; sie mussten nachträglich durch die Komitien bestätigt werden. Erst durch die *lex Hortensia* wurden sie 287 v. den Beschlüssen und Gesetzen der Komitien rechtlich gleichgestellt (↗ Vorbemerkung zu Text 2.3).
alibi popularis iuventus erat: Der ganze Satz klingt nach dem einschränkenden *nisi cum* wie eine nüchterne Zusammenfassung, die vielleicht als Randnotiz in den Text gelangt ist.

15,1 **P. Valerius Publicola** (bzw. *Poplicola*): Er stammte aus einer angesehenen und verdienstvollen römischen Familie. Sein Vater brachte das Königtum zum Sturz und vereitelte im Jahre 509 v. eine Verschwörung zugunsten der Tarquinier. Sein Sohn soll nach Liv. 3, 55, 1–7 im Konsulatsjahr (449 v.) mit M. Horatius Barbatus die sog. *leges Valeriae-Horatiae de provocatione, de tribunicia potestate* und *de plebiscitis* durchgesetzt haben.
cura: Dies meint bei den Plebejern „eifrigen Einsatz", bei den Patriziern „angstvolle Sorge".

3 **Caesonem**: Quinctius Caeso, der Sohn des Diktators Cincinnatus und Konsul des Jahres 461 v., wurde beschuldigt, bei einer nächtlichen Rauferei den Bruder eines Volkstribunen erschlagen zu haben. Caeso wurde festgenommen und gegen eine Kaution auf freien Fuß gesetzt, floh aber am gleichen Tag noch nach Etrurien. Der Prozess unterliegt manchen Zweifeln.
Sacrum montem: ↗ zu 2, 32, 2.
fuerat: Man erwartet *fuisset*, aber Livius lässt in der or. obl. gelegentlich Nebensätze mit rein sachlichem Inhalt im Indikativ stehen.

Fr 1. Worin besteht das geschickte Verhalten der jungen Patrizier?
2. Beschreiben Sie das Verhältnis von *patricii, plebs* und *tribuni*!
3. Inwiefern ist die or. obl. der *tribuni* in 15,3 „tendenziös"?

Die Einnahme des Kapitols (3, 15, 4 – 16, 6)

15,4 **ab Volscis**: ↗ zu 2, 23, 1.
Aequis: Die Äquer, ein Bergvolk in Mittelitalien, belästigten im 5. und 4. Jh. v. Rom durch häufige Kriege und Raubzüge – oft mit den Volskern

verbündet. 304 v. endgültig besiegt, wurde ihr Gebiet durch Kolonien gesichert.

5 **Exules servique**: Neben Coriolan, der bei der Hungersnot 491 v. wegen seiner starren Haltung gegenüber der Plebs aus Rom ausgewiesen wurde und zu den Volskern floh, und Caeso (↗ zu 15, 3) mussten während der Ständekämpfe noch weitere Bürger Rom verlassen; ihnen schlossen sich Sklaven an, die vor ihren Herrn geflüchtet waren. Die Zahlenangaben schwanken zwischen 2500 und 4000 Mann. Wegen der relativ geringen Gesamtzahl von Sklaven im 5. Jh. ist nicht an einen Sklavenaufstand wie z. B. unter Spartacus (73–71 v.) zu denken, als etwa 300 000 Sklaven ein Drittel der Bevölkerung Roms darstellten.

Appius Herdonius Sabinus: Das Praenomen wird allgemein als sabinisch (↗ zu 33, 7) angesehen. Er soll sich durch Ansehen, Wohlhabenheit, Stärke und Tapferkeit ausgezeichnet haben.

Capitolium atque arcem: Auf dem südlichen Gipfel des kapitolinischen Hügels stand seit dem Ende der Königszeit der prachtvolle Tempel des *Iuppiter Capitolinus,* das religiöse Zentrum Roms (↗ zu 17, 3). Die nördliche Kuppe des Hügels bildete die *arx* mit dem Tempel der *Iuno Moneta* (↗ auch zu 1, 8, 5 *locum*).

7 **incerti, quod**: Livius steigert die Spannung durch die Betonung der Unsicherheitsfaktoren: *incerto hoste; incertique, qui* (§ 8).

8 **Dant tamen arma**: Normalerweise sind die Bürger selbst für ihre Bewaffnung verantwortlich. In Ausnahmefällen wurden Waffen an zuverlässige Leute (*non vulgo*) verteilt.

9 **Volscos . . . concitaturum**: Verben und Objekte bilden einen Chiasmus.

16,1 **ne Veientium neu Sabinorum**: Veji, etruskische Stadt nördl. von Rom, wohin sich Caeso begeben hatte; Veji besaß in Fidenae vor den Toren Roms einen Brückenkopf am Tiber. Nach erbitterten Kämpfen wurde Veji 396 v. von den Römern eingenommen. Herdonius (Sabinus) stammte aus dem Land der Sabiner (↗ zu 2, 23, 5).

3 **Nec credere nec non . . . fidem abrogare**: Weder das (wirkliche) Vertrauen noch der selbst auferlegte Verzicht auf Misstrauen bot Sicherheit. Statt der zu erwartenden Wendung *nec credere nec fidem abrogare* setzte Liv. nach dem zweiten *nec* ein *non*; die überraschende Wendung hat er selbst oder ein späterer Erklärer durch *credendo* (durch geheucheltes Vertrauen), *ne infestior fieret* erläutert.

4 **malum**: Der Text lässt an ein wildes Tier denken, das man „zähmen“ (*mansue-facere*) und „einschläfern“ (*sopire*) kann. Zugleich erinnern die Ausdrücke *mergere* und *inclinare* an das bedrohte Staatsschiff, eine seit dem griechischen Dichter Alkaios (6. Jh.) belegte Metapher.

5 **non bellum, sed vanam imaginem belli . . . Capitolium insedisse**: Zunächst eine kühne Personifizierung (*bellum* statt *hostes*), dann eine Beurteilung (*vanam imaginem belli*) des eigentlichen Subjektes, das als Apposition (*patriciorum . . . clientesque*) angehängt ist — wozu *insedisse* ganz wörtlich passt. Der Leser erwartet: Die Besetzung des Kapitols sei kein wirklicher

Krieg, sondern ein von den Patriziern inszenierter Schrecken; *patriciorum hospites clientesque* ist zugleich Subjekt des ganzen folgenden Satzes.

Fr 1. Wie beschreibt Herdonius seine Motive für den Freiheitskampf?
2. Vergleichen Sie Herdonius' Argumentation mit Catilinas Rechtfertigung in folgender Textstelle aus Cicero, Pro Murena 50: . . . *cum miserorum fidelem defen-sorem negasset* (*Catilina*) *inveniri posse nisi eum, qui ipse miser esset,* (*et dixisset*) *integrorum* (h. nicht verschuldet) *et fortunatorum promissis* (Dativ) *saucios* (verwundet) *et miseros credere non oportere* . . .
3. Wie gelingt es Livius, beim Leser Spannung zu erzeugen? (Achten Sie dabei auf Wortwahl, Wortstellung, Redeform und Satzlänge!)

Das Eingreifen des Konsuls P. Valerius Publicola (3, 17, 1–8)

17,1 **templum**: Eigtl. ein abgegrenzter geweihter Beobachtungsraum (vgl. *con-templ-ari*); Liv. meint hier einen nahe der Kurie gelegenen Platz, von dem aus mit dem Volk verhandelt wurde und wo ab 338 v. die *rostra* stand.

2 **discedi . . . ferri**: Die Worte an die *tribuni* beschließt ein Chiasmus. Livius verstärkt die absurde Gedankenführung der Tribunen durch den unausgesprochenen Gegensatz: *discedi ab armis = arma non ferri ≠ leges ferri.* („Waffen wollt ihr nicht ‚tragen', aber Gesetze.")

3 **Iuppiter/Iuno/Minerva**: Die Größe des Tempels der kapitolinischen Trias (ca. 53 m breit und 63 m lang), dessen Errichtung auf die etruskischen Könige zurückgeht, bezeugt die Bedeutung der Stadt und das Machtstreben ihrer Herrscher im 6. Jh. v.; in rhetorischer Übertreibung erhält Iuno den Beinamen *regina*, den sie erst ab 5, 22, 4 ff. führt. (Ogilvie)
alii di deaeque: Alle Gottheiten, die ihre Heiligtümer auf dem *Capitolium* oder der *arx* (↗ zu 1, 8, 5), z. B. *Fides*, oder sonstwo in Rom hatten.
publicos vestros penates: D. h. allgemein die Götter, die das Haus des gesamten Volkes, also die Stadt, beschützen bzw. speziell die von Troja über Lavinium nach Rom gebrachten Penaten, d. h. Castor und Pollux, die auf Münzen *Di Penates* (*publici*) heißen. (Ogilvie)

6 **Romule pater . . . arcem auro captam**: Mit der feierlichen Wendung an den vergöttlichten Stadtgründer erinnert Liv. an seine Erzählung in 1, 12: Die Sabiner hatten — empört über den sagenhaften Raub ihrer jungen Frauen — Rom angegriffen und das Kapitol durch Betrug (*auro*) in ihre Hand gebracht. Den von dort herabstürmenden Sabinern trat Romulus nach einem Gebet und Gelübde an *Iuppiter Stator* (der die römischen, damals fliehenden Reihen zum Stehen brachte: *sistere, staturus*) entschlossen entgegen. Die Herkunft des Ap. Herdonius aus dem Sabinerland und seine Besetzung des Kapitols legten den Vergleich nahe.

7 **lex sacrata**: Eigtl. ein Gesetz, auf dessen Übertretung ein Fluch gesetzt ist. Durch eine *lex sacrata* wurden die Tribunen für unverletzlich erklärt. Diese allerdings durften jeden Patrizier, auch einen Konsul, der den auf dem Heiligen Berg zwischen Patriziern und Plebejern geschlossenen Vertrag, die *lex sacrata,* verletzte, vor der Volksversammlung anklagen.

Fr 1. a) Gliedern Sie die Rede des P. Valerius nach Argumenten!
b) Welche Stilmittel erkennen Sie in dieser Rede?
2. Welche Rolle weist P. Valerius sich in der Reihe *Iuppiter — Romulus — consul* zu?

Zunehmende Angst vor einem Feind von außen (3, 17, 9–18, 4a)

17,9 **Vim ultimam apparebat**: Gewaltige Steigerung gegenüber 14, 6 *nedum ut ulla vis fieret.*

9/10 **tribuni cessere / Amotis . . . auctoribus**: Die Tribunen zogen sich während der Nacht zurück, die Plebs blieb auf dem Forum. Öffentliche Besprechungen wurden bei Einbruch der Dunkelheit abgebrochen.

18,2 **L. Mamilius . . . dictator**: Als Diktator von Tusculum beruft Mamilius sogar nachts seinen Senat ein und kommt freiwillig mit seinem Heer den Römern zu Hilfe. Im Jahre 458 v. erhält er dafür das römische Bürgerrecht. In den latinischen Städten, z. B. in Tusculum (bis 381 v.), trägt die höchste Obrigkeit den Titel *dictator*; in Rom wurde der *dictator* nur in einer akuten Notlage des Staates für höchstens sechs Monate ernannt.

Fr 1. a) Woran appellieren die Patrizier in Kap. 17, 11?
b) Welche Bereiche bilden dabei eine Einheit?
2. Wie unterscheidet sich der Stil in 18, 4 von dem in 18, 2/3?

Die Rückeroberung des Kapitols (3, 18, 4b–11)

18,4 **Aequi . . . visi sunt**: Sie konnten wie das Heer des Mamilius aus Tusculum von SO (evtl. auf der *via Labicana*) nach Rom marschieren.

5 **P. Valerius:** ↗ zu 15, 1.

6 **Auctoritas viri moverat**: *Auctoritas* meint die in der ganzen Persönlichkeit und in ihrem Wirken liegende Bedeutung, die der Rede des Konsuls neben seiner Amtsgewalt (*potestas*) besonderes Gewicht verleiht. Dieser für römisches Denken typische Begriff umreißt den über einen bloßen Rat weit hinausgehenden Einfluss vor allem des Senats in republikanischer Zeit (*auctoritas senatūs*) oder eines herausragenden Senators und liefert einen Schlüssel zum Verständnis der äußerst komplizierten Stellung des *princeps Augustus* (↗ Tac. ann. 1, 1–10).

7 **in clivum Capitolinum**: In Fortsetzung der *Via Sacra* bildete der *Clivus Captolinus* die einzige damals für Fuhrwerke befahrbare Straße zum Kapitol hinauf. Er begann vor dem Saturn-Tempel und endete vor dem Jupiter-Tempel. Er stellte somit das Schluss-Stück für die Triumphzüge dar. Heutzutage sind noch einige Meter des antiken Straßenpflasters hinter der Halle der *Dei Consentes* (aus der Zeit von Ks Domitian) zu sehen. Der Rest ist mit einem Teil des südlichen Abhangs abgerutscht (Coarelli 41).
Tusculana legio: Der Heeresverband der Königszeit betrug etwa 3000–4000 Mann. Hier ist wohl mehr allgemein an eine „Auswahl“ der bewaffneten Mannschaft zu denken, die zusammen mit den Römern eine klare militärische Überlegenheit gegenüber dem Haufen des Herdonius bildete.

8 **Trepidare ... trepidantibus**: Polyptoton (↗ Fr 1); ↗ 15, 7 und 17, 8.
vestibulum ... templi: Die Vorhalle eines Tempels (h. des Jupiter-Tempels: ↗ zu 17,3) lag mehrere Stufen über der Straße und konnte enorme Ausmaße haben; in ihr wurden erbeutete Waffen und Statuen aufgestellt.
9 **Volumnius**: Konsul des Vorjahres (461); ↗ auch zu 2, 40, 1.
10 **supplicium**: *servi* wurden gekreuzigt, Freie mit dem Beil hingerichtet.
lustratum: Durch das Blutbad war der Tempel entweiht; er musste deshalb gereinigt und durch ein Sühneopfer wieder geheiligt werden.
11 **funere ampliore**: Bereits der Vater des Konsuls P. Valerius und auch Menenius Agrippa (2, 32, 8) hatten ein „Staatsbegräbnis“ erhalten.

Fr 1. Definieren Sie den rhetorischen Begriff Polyptoton!
2. Welche Vokabeln gehören zum Wortfeld „Streit, Zwietracht“!
3. Beschreiben Sie Denk- und Handlungsweise der beiden Protagonisten P. Valerius (Publicola) und Appius Herdonius mit Belegen aus dem Text!

2.7 Dezemvirat — Aufstellung der Gesetzestafeln (3, 31–37)

Nach dem achtjährigen Streit um die *Lex Terentilia* wird nun diskutiert, wer in Zukunft berechtigt ist, Gesetze abzufassen: Plebejer und Patrizier zusammen oder alleine die Patrizier (31, 7). Die Regierungsgewalt ging von den Konsuln auf ein Kollegium von zehn Männern über, die Gesetze nach griechischem Vorbild abfassen sollten. Dazu wurde zunächst eine Kommission aus drei ehemaligen Konsuln nach Athen geschickt (↗ zu 31,8).
Das Dezemvirat wird bei der Einführung 33, 1 stark herausgehoben; zum dreiteiligen Aufbau der Erzählung vgl. Burck, Erzählkunst 28 f.

Vorbereitung des Gesetzeswerkes (3, 31,7–32,7)

31,7 **aequandae libertatis**: Die *aequa libertas*, ein politisches Schlagwort der späten Republik (Ogilvie 448), zielt auf die Gleichstellung vor dem Gesetz, nicht so sehr auf die politische Gleichstellung wie in Athen.
8 **et aliarum Graeciae civitatium instituta, mores iuraque**: Der Zusatz über andere griech. Stadtstaaten bleibt unklar: möglich wären Sparta — dessen vielfach gerühmte Verfassung freilich eine unsichere Überlieferung hat — oder Gortyn auf Kreta, wo Bruchstücke von Gesetzestafeln aus dem 6./5. Jh. v. inschriftlich erhalten sind und von Rechtshistorikern zum Vergleich herangezogen werden. Doch gilt ein Besuch solcher Städte als unhistorisch; selbst die in der Antike mehrfach behauptete Gesandtschaft nach Athen ist nicht gesichert und gilt heute als unwahrscheinlich. Dagegen nimmt man eher eine Anregung durch griech. Städte in Roms südlicher Nachbarschaft an. Der Kern des röm. Gesetzgebungswerkes um die Mitte des 5. Jh. gilt heute als gesichert (Kaser 66–73; vgl. auch Ogilvie 449 f.).
32,1 **P. Curiatius** (*Fistus Trigeminus*): Aus einem alten Geschlecht in Alba Longa; die Überlieferung nennt statt seiner z. T. einen *Horatius*.
Sex. Quin(c)tilius: Der erste belegbare Vertreter des Namens; am bekanntesten ist P. Quin(c)tilius Varus (↗ zu Tac. ann. 1, 10, 4).
5 **C. Menenius**: Vermutlich ein Enkel des Menenius Agrippa (Ogilvie 451).
P. Sestius Capitolinus: Seine *gens* war noch z. Z. Ciceros bekannt.

6 **sine provocatione**: Die *latores legum* erhalten also die Rechte eines Diktators, gegen dessen Amtsgewalt das Recht der *provocatio* und *intercessio* der Volkstribunen nicht galt; die Konsuln wurden während dieser Zeit (*eo anno*) ihres Amtes enthoben (↗ 36, 6).

7 **lex Icilia de Aventino**: Der Volkstribun Icilius hatte 456 v. beantragt, den kaum bewohnten Hügel Aventin von den Plebejern besiedeln zu lassen; die Patrizier stimmten damals zur Beruhigung der Plebs diesem Antrag zu.
sacratae leges: ↗ zu 3, 17, 7.

Fr 1. Inwiefern ist Roms Lage um 450 v. mit der Athens um 594 v. (Solon) vergleichbar? (Welche Gruppen und Sachverhalte entsprechen sich?)
2. a) Vergleichen Sie die politische Lage in 15, 1/2 und in 33, 1/2!
b) Unter welcher Bedingung geben die Plebejer momentan nach?
3. Erstellen Sie (u. U. in Gruppenarbeit) ein lateinisches Wortfeld zum Bereich „Gesetzgebung“ (*legem/leges* + Verbum)!

Zusammensetzung des Dezemvirats im ersten Jahr (3, 33, 1–8)

33,1 **Anno trecentesimo altero**: Die Jahreszahl führt auf die Gründung Roms im Jahre 752, d. h. auf den Ansatz von Cato (↗ E 3.2); das geläufigere Datum 753 geht auf Varro zurück, den größten Gelehrten zur Zeit Ciceros.

2 **duobus**: Mit betonter Stellung als Gegensatz zu § 3–Anfang.

6 **Supplevere ceteri numerum**: Ähnlich war die Zahl der Volkstribunen auf zehn angewachsen. Außerdem sind plebejische *iudices decemviri* (3, 55, 7) belegt. Auch athenischer Einfluss ist möglich: Dort gab es zehn Feldherrn, zehn Phylen (Siedlungsgebiete) und eine Behörde der „Zehn“.

7 **Appius (Claudius)**: Aus der berühmten, um 503 aus dem Sabinerland eingewanderten und unter die Patrizier aufgenommenen *gens*, bei der es „28 Konsulate, 5 Diktaturen, 7 Zensuren und 6 Triumphe gab“ (Sueton in der Vita des Kaisers Tiberius [Claudius] 1, 2).
favore plebis: Unter den Annalisten (↗ E 6) wurde wohl dieser Ansatz betont; Liv. schwankt etwas in seiner Bewertung des Appius Claudius.

8 **(praefectus) iuris**: Einmaliger Ausdruck; Niebuhr (↗ S. 48) vermutete *urbis*.
fasces: Die Rutenbündel als Symbol der Amtsgewalt haben die Römer von den Etruskern übernommen (↗ zu 1, 8, 3). Die Liktoren verschafften den Beamten den nötigen Platz beim Weg durch die Menge. In der Stadt wurden entsprechend dem Provokationsrecht der Bürger die Rutenbündel ohne Beile getragen.

Aufstellung von zehn Gesetzestafeln (3, 34, 1–6)

34, 1 **ad contionem advocaverunt**: Unter einer *contio (co[n]-ventio; con-venire)* ist eine beratende, nicht beschließende Versammlung zu verstehen, zu der durch einen Beamten formell geladen wurde und die durch ein Gebet (. . . *quod bonum, faustum felixque rei publicae sit*) eröffnet wurde (§ 2). Es wurden dabei Gesetzesanträge vorgestellt und Informationen ans Volk weitergegeben. Es gab also in Rom i. Allg. weder ein spontanes Versammlungsrecht noch ein freies Diskutieren (↗ § 4) wie in der athenischen Volksversammlung. Der korrekte Ausdruck für die Versammlung (hier des Gesamtvolkes) steht § 6 *centuriata comitia*: Diese umfassten 193 Zenturien (Stimmkörper) mit Klasseneinteilung und Gleichstellung der Älteren mit den zahlreicheren Jüngeren. Da die Ritter (18) und die erste (reichste) Klasse mit 98 Stimmen schon die Mehrheit hatten, kamen die unteren Klassen selten zur Stimmabgabe.

2 **legere leges**: Meint weniger das reine Lesen — damals wohl nur einem Teil des Volkes möglich — als das Aussprechen der Gesetzesformeln als den entscheidenden „rechtliche(n) Schöpfungsakt" (Kaser 65).

6 **fons omnis publici privatique . . . iuris**: Obwohl Livius selbst die noch nötigen Zusätze erwähnt — 34, 7 *volgatur* (W) *deinde rumor duas deesse tabulas, quibus adiectis absolvi posse velut corpus omnis Romani iuris* — erweckt die Ausdrucksweise (↗ Fr 1b) u. U. falsche Eindrücke:

1. Die Zwölf Tafeln schaffen wohl nicht ein neues Recht, sondern machen im Wesentlichen bisheriges (Gewohnheits-)Recht verbindlich. Fortschrittlich sind sie in ihrem Ziel der Rechtsgleichheit (§ 3 *iura aequasse*); dabei verfolgen sie einen „sozialen Schutzzweck". Während bisher patrizische Magistrate und patrizische Priester die alleinigen Rechtskenner und Gutachter waren, wird der Einzelbürger jetzt gegen ihre Übergriffe (zunehmend) gesichert, besonders dadurch, dass Staatsämter und Priesterstellen vermehrt den Plebejern zugänglich wurden — das Konsulat 367, die Priesterstellen um 300.

2. Die Zwölf Tafeln sind keine erschöpfende Regelung, jedoch der Kern des *ius civile*. Besonders drei spätere Veränderungen sind erwähnenswert:
a) die Aufhebung des Heiratsverbotes zwischen Patriziern und Plebejern (Tafel X/1) durch die *lex Canuleia* des Jahres 444,
b) die *lex Poetilia* (*Papiria*) von 326, die die Fesselung der Schuldknechte (↗ Text 2.3) verbot,
c) die *lex Aquilia*, ein Plebiszit von 286 (↗ BT 2).

3. Inhaltlich umfassen die Zwölf Tafeln im wesentlichen privatrechtliche Bestimmungen und Prozessvorschriften. Dabei erstreben sie eine umfassende Regelung, gehen also über das bisherige Einzelfallrecht hinaus. Eine strenge sachliche Aufteilung auf die Tafeln ist im Wesentlichen Ergebnis gelehrter Arbeit des 19. Jh., aber z. T. nicht gesichert (vgl. Kaser § 15).

Fr 1. a) Analysieren Sie die überlegte Stilisierung des *ut*-Satzes in 33, 7!
b) welche Stilmittel enthält der Rel.-Satz in 34, 6?
2. Wie betonen die Dezemvirn ihre „demokratische" Einstellung?
3. Verschaffen Sie sich einen Einblick in das Zwölftafelgesetz durch die Lektüre von S. 46 und Erarbeitung von BT 1 (u. U. in Gruppenarbeit)!

Arroganz der Dezemvirn im zweiten Jahr (3, 36, 1–6)

Aus taktischen Gründen wird der inzwischen unbeliebte Ap. Claudius beauftragt, die Wahlen zum 2. Dezemviratkollegium zu leiten, damit er sich selbst nicht wählen lassen kann. Doch Manipulation und Intrigenspiel verschaffen ihm die Wiederwahl und eine weiterhin führende Stellung. Die Historizität des 2. Dezemvirats ist sehr zweifelhaft (Flach 208–211).

36,1 **suo . . . ingenio**: Vgl. 33, 7 *novum sibi ingenium induerat.*

2 **ad Idus Maias**: Im 5. Jh. gab es keinen genau festgelegten Beginn des Amtsjahres; dieser lag an einem Monatsersten oder am Vollmondstag der Iden, vgl. 3, 6, 1 (i. J. 463 v.): *Kalendis Sextilibus, ut tunc principium anni agebatur, consulatum ineunt.* Erst 222 v. wurde der 15. März und 153 v. der 1. Januar allgemein als Tag des Amtsantritts festgelegt.

rem perduxere: D. h. die Neuerungen ihrer weiteren Amtsführung.

3 **primum honoris diem . . .**: Diese Mitteilung betont den Unterschied zum Amtsantritt der Konsuln mit Einholung der Auspizien, Übernahme der Liktoren, Opfer auf dem Kapitol und einer ersten Senatssitzung.

vicem: Adverbieller Akkusativ wie *maximam partem*; die Erweiterung *suam cuiusque* ist zu erklären wie bei etwa *nostram ipsorum libertatem.*

4 **secures inligatas**: ↗ zu 33, 8; die Beile scheinen hier — am Holzstab befestigt — im Rutenbündel versteckt zu sein. Bei einer Volksversammlung senkten die Liktoren die *fasces.*

6 **sublata provocatione**: ↗ zu 32, 6. Das Provokationsrecht meint die Einschränkung der Strafgewalt der höheren Magistrate bei Strafen für Leib und Leben. Die Hinrichtung ohne gerichtliches Todesurteil wurde damit unterbunden, und ein zuerst politischer Akt (der spontane Protest der Plebs) wurde so allmählich zu einem juristischen; gleichzeitig wurde damit ein Stück Revolution legalisiert. Die *lex Valeria de provocatione* wird von Liv. dreimal erwähnt — in den Jahren 509 nach der Vertreibung der Könige (2, 8, 2), 449 (3, 55, 4) und 300 (10, 9, 3) —, und zwar ohne entscheidende Veränderungen, so dass man erst das dritte Datum als historisch ansieht. Livius, der einer ungenauen (annalistischen) Tradition folgt, setzt ein wohl späteres Ergebnis der Ständekämpfe als bereits gültig voraus. Das tut freilich auch Cicero, rep. 2, 54: *ab omni iudicio poenaque provocari licere indicant XII tabulae compluribus legibus.*

intercessionem . . . sustulerant: Die Interzession meint das Dazwischentreten des Volkstribuns zwischen Liktor und Bürger, der verhaftet oder hingerichtet werden sollte; Provokations- und Interzessionsrecht galten nur *domi*, d. h. nicht bzw. lange nicht im Feldlager; ↗ zu 2, 33, 1.

Sehnsucht nach Konsuln (3, 36, 7–37, 8)

36,7 **ut apud quos . . . haberet**: ↗ zu 2, 40, 3.

8 **domi**: Normalerweise werden alle Rechtsgeschäfte *in foro* erledigt.

37,1 **tum**: Hier neben einem hist. Inf.; ↗ *Trepidare tum* (18, 8).

3 **in desiderium veniant**: Öfters dient *venire* zur Umschreibung für ein Passiv mit ingressiver Bedeutung; vgl. *in oblivionem / odium venire.*

4 **erant adiectae/perlatae essent**: Offensichtlich wurden die zwei Tafeln ohne Beschluss der Zenturiatkomitien von den Dezemvirn hinzugefügt.

5 **cum interim**: Selten mit hist. Inf. (*fieri*).

6 **patriciis iuvenibus**: Diese tendierten eher zu *licentia* und *iniuria.*

7 **ferre agere**: Vgl. griech. *férein kaì ágein*; eigtl. totes und lebendes Eigentum fortschaffen (*ferre*) bzw. wegtreiben (*agere*); daher: ausplündern und wegschleppen; häufig in Zusammenhang mit *hostes* gesagt.

8 **securi subici**: Unter das Beil kommen; d. h. manche Plebejer wurden auf der Stelle getötet. — **bonorum** (n. Pl.): ↗ zu BT 3 § 54.

Fr 1. Untersuchen Sie den Stil in a) 36, 1 — b) 36, 8 (im ersten Satz) — c) 37, 2 — d) 37, 8 ab *licentiam* (u. U. in Gruppenarbeit)!
2. Welche Begriffe stellt Livius der *libertas* gegenüber?
3. In welcher Weise werden die Rechte des Volkes beschnitten?
4. Wodurch kommt die Willkür der jungen Patrizier zum Ausdruck?

2.8 Verginia — ein Opfer des Dezemvirats (3, 44–54) (↗ 6.2.1.2)

P. Numitorius (45, 4 *avus puellae*)
|
(Soldat) L. Verginius ⚭ Numitoria (vorzeitig gestorben)
|
Ap. Claudius - - - - VERGINIA - - - → Icilius (*sponsus*)
(*decemvir*) *stuprum* *matrimonium* (*tribunicius*)

Freigeboren oder Sklavin? (3, 44, 1–45, 3)

44,1 **aliud ... nefas**: D. h. die Verginia-Affäre.
per stuprum caedemque Lucretiae: Vgl. 1, 57–59: *Ibi Sex. Tarquinium mala libido Lucretiae per vim stupr-andae capit; cum forma tum spectata castitas* (Sittsamkeit) *incitat* (57, 10). Wenige Tage später bedrohte er die verheiratete Lukretia: „*Tace, Lucretia, Sex. Tarquinius sum; ferrum in manu est; moriere, si emiseris vocem.*“ (58, 2) Schließlich siegte die *libido* des Tarquinius über die *pudicitia* der Lukretia. Diese informierte ihren Vater und ihren Gatten über die erlittene Schändung und beging vor deren Augen Selbstmord: „*... nec ulla deinde im-pudica Lucretiae exemplo vivet*“ (58, 10); vgl. Burck (1992) Kapitel VII 5 Frauen, 160–163.
non finis solum idem ..., sed causa etiam eadem: Livius nimmt durch diesen Vergleich den Ausgang der Verginia-Affäre vorweg, so dass sich für den Leser die politischen Konsequenzen bereits in § 1 ergeben. In der Komposition der §§ 1–5 finden sich Parallelen zum Drama:
§ 1 Prolog
§ 2–4 Exposition (Vorstellung der Personen) ↗ „Stammbaum“
§ 5 Beginn der Verwicklung (Scheinprozess des M. Claudius).

3 **liberique** (rhetorischer Plural) **instituebantur**: Verginia wurde von einem rechtschaffenen Vater (*exempli recti*) und einer vorbildlichen Mutter nach den Prinzipien der *virtus* und *pudicitia* erzogen.
L. Icilio ... pro causa plebis: ↗ zu seiner *lex de Aventino* 32, 7.

5 **neque cederet ... postulantibus vindicias**: ↗ § 12: Offensichtlich soll nach dem Zwölftafelgesetz eine freie Person, die als Sklave/-in beansprucht wird, bis zur richterlichen Entscheidung frei bleiben.

6 **Virgini manum iniecit**: M. Claudius will bei seiner angeblichen Sklavin Verginia durch gerichtliche Entscheidung sein Eigentumsrecht geltend machen; die symbolische Geste bedeutet nicht Gewaltanwendung, sondern Einleitung des Rechtswegs; Liv. betont freilich die Illegalität.

in tabernis litterarum ludi: Der Unterricht — es gab ausschließlich Privatunterricht — wurde damals wohl von Sklaven/Freigelassenen im Haus der Herren oder (wohl erst ab 241 v.) in einer *taberna* auf dem Forum erteilt; unsere Stelle bildet den frühesten „Beleg" für römischen Unterricht. Verginia dürfte zwischen 12 und 15 Jahren alt gewesen sein.

8 **se iure grassari, non vi. Vocat puellam in ius**: Der „scheinheilige" M. Claudius ruft gegen gültiges Recht ein Mädchen, noch dazu eine Sklavin, vor Gericht (↗ BT 3: I 1); Appius hätte deren Vater zitieren müssen.

9 **petitor**: M. Claudius, der auf sein „Eigentumsrecht" pocht.

10 **ad quem maior pars iniuriae . . . pertineat**: Das dem *cliens* M. Claudius zugefügte Unrecht trifft noch mehr den *patronus* Ap. Claudius selbst.

11 **Advocati**: Sie werden in der Republik als juristisch gebildete Männer fallweise zur Beratung oder als Leumundszeugen zur Meinungsäußerung „herbeigerufen"; die Verteidigungsrede im Prozess halten allerdings die *oratores* bzw. *patroni*; in der Kaiserzeit erlangen die *advocati* im Prozess und in der Verwaltung größere Bedeutung.

12 **lege ab ipso lata**: Dieser Satz des Zwölftafelgesetzes (Tafel VI) ist verloren.

45,2 **id iuris** (gen. poss.) **esse**: Dies (~ *lege agere*) sei rechtmäßig.

in patris manu sit: ↗ zu BT 3 § 49.

3 **arcessiri**: Die Rechtssprache bewahrt altertümliche Sprachformen.

iacturam adsertorem non facere: Im Sinn von *adsertorem non prohiberi*, wonach *quin* („dass") üblich ist.

sistendam: Das Gerundiv ersetzt den seltenen Inf. Fut. Passiv, zumal der Gesamtsinn „nur müsse er versprechen" verlangt.

-que: Die Bedeutung „und (freilich)" verschiebt sich im Dt. (auch wegen der Wendung „nicht den Verlust erleiden") zu einem „sondern".

Fr 1. Was ist das *tertium comparationis* der Lukretia- und der Verginia-Geschichte? (Nennen Sie 3 Gesichtspunkte!)
2. Wo gibt Livius in diesem Abschnitt eigene Bewertungen?
3. Welche Eigenschaften betont Livius bei Verginia und ihren Leuten?
4. Erläutern Sie die ambivalente Haltung des Appius im Kampf für Recht und Freiheit!
5. Untersuchen Sie in 44, 4 die Stilfiguren und ihre Funktion!

Protest durch Verginias Verlobten Icilius (3, 45, 4–11)

45,4 **iniuriam decreti**: Appius hat ungerechterweise Verginia dem Claudius gegen ein einfaches Versprechen einstweilen zuerkannt.

5/6 **submovere**: t. t. für das Zurückdrängen durch die Liktoren (↗ zu 33, 8).

6 **sum ducturus . . . habiturus**: Die Verbindung des Part. Fut. mit *sum* statt einfachem Futur gab es wohl bereits in der alat. Volkssprache.

8 **plebi Romanae**: Wegen der folgenden Apposition eher ein Genitiv.

9 **Huic**: Dadurch, dass Icilius die *pudicitia* selbst in Gefahr sieht — sie ist die typische Tugend der Frauen, der bei den Männern die *virtus* entspricht —, gibt er dem Streit den Charakter des Grundsätzlichen.

Fr 1. Wo enthält der Abschnitt eigene Bemerkungen des Livius?
2. a) Für welche Werte setzt sich Icilius in seiner Rede ein?
b) Wo liegt der inhaltliche Höhepunkte seiner Rede?
3. Untersuchen Sie 45, 9 stilistisch! Welche Begriffe sind wichtig?

Reaktion auf den Protest des Icilius (3, 46, 1–8)

46,3 **decederet iure suo**: Aufhebung der Zusage von 45, 3.
4 **latorem**: ↗ zu 44, 5 und 12: *lege ab ipso lata.*
5 **secessissent**: Die *advocati* (↗ zu 44, 11) wollen beraten (↗ *placuit*).
ad portam: Gemeint ist die Porta Capena, von wo aus die Via Latina südöstlich zum Algidus (↗ 44,2) führt.
7 **sponsores**: D. h. Bürgen für den Kaufpreis einer Sklavin (wie Verginia); sie mussten beim Unterliegen im Prozess diese Summe bezahlen.

Fr 1. a) Mit welchen Schlagwörtern entgegnet Appius der Rede des Icilius?
b) Wo geht er sachlich auf diese Rede ein?
2. Wo in der Verginia-Geschichte greift die „Menge“ ein?

(47–48: Da Appius sein „Anrecht“ auf Verginia gewaltsam durchsetzen will, tötet Verginius seine Tochter mit einem Fleischermesser.)

Handgemenge auf dem Forum — Eingreifen des Senats (3, 49, 1–8)

49,1 **atrocitate sceleris**: Bewusste Anknüpfung an 48, 6 *tam atrox facinus.*
2 **cum agmine patriciorum**: Sie dienen als (ungesetzliche) Leibwache.
3 **L. Valerius et M. Horatius**: Sie werden im folgenden zu den Führern der Plebs (§ 5 *pro imperio*) und im J. 449 Konsuln. Ihre Vorfahren waren bei der Vertreibung der Könige führend (39, 3). Sie bieten Appius den üblichen Rechtsweg an bzw. drohen ihm für den Fall der Gewaltanwendung. Appius ist bereits abgesetzt.
4 **In contionem Appius escendit**: Appius steigt, um besser gehört zu werden, auf einen höher gelegenen Punkt des nördlichen Forums, evtl. auf das Volcanal, einen dem Vulkan geweihten Platz.
6 **Sp. Oppius**: Der neben Ap. Claudius derzeit einzige Dezemvir in der Stadt (*Ap. Claudio adiu-tor ad urbem tuendam*: 41, 10), während die anderen acht mit verschiedenen Feldzügen befasst sind (↗ 50, 1).
Die Einberufung des Senats erscheint als Rückkehr zur Legalität.
ex altera parte: Von der dem Volcanal gegenüberliegenden Seite.

Fr 1. Wie wird die veränderte Lage in 49, 3 stilistisch unterstrichen?
2. Untersuchen Sie 49, 5 stilistisch (Satzbau)!
3. Wie verhalten sich die Realität und die Erwartung der Plebs bezüglich des Senats zueinander?

Die Rückkehr des Verginius ins Lager (3, 50, 1–10)

50,1 **mons Vecilius**: Höhenzug in Latium, der sich wohl westlich des Algidus befindet; auf ihm hatte sich offensichtlich das Heer versammelt.
2 **indignitate rei**: Anknüpfung an 44, 7 und den Inhalt von Kap. 48/49.

2/3 *Nam*

praeterquam, quod *agmine . . . hominum veniens,*

qui . . . / indignitate rei accensi / comites ei se dederant,

conspectus est,

strictum etiam telum

re-spersus-que ipse cruore (→ die Tatsache, dass er . . .: R 7)

tota in se castra convertit.

5 **supinas . . . tendens manus**: Im ersten Teil der Rede verzichtete Verginius auf solche Gesten; die sog. *narratio* muss schlicht und kurz sein.

7 **nec . . . libidinem Ap. Claudi*(i)* exstinctam esse**: Die in Kap. 49 erzählte Entwicklung ist dem Verginius unbekannt, weil er vorher ins Lager aufgebrochen ist; Livius übergeht seine Abreise.

10 **succlamabat**: Auch Verginius stand wohl auf einem erhöhten Punkt, zu dem die Menge hinaufrief. Das Gespräch Verginius — Soldaten (*commilitones*) ist auf wenige Elemente reduziert (§ 5 und besonders 10).

Fr 1. a) Wo streift Liv. die Rede des Verginius nur, wo führt er sie aus?
b) Womit rechtfertigt Verginius die Ermordung seiner Tochter (48, 5)? (Erarbeiten Sie die Argumente — ohne bloße Nacherzählung!)
c) Sammeln Sie antithetische Begriffe in diesem Abschnitt!
2. a) Welche Werte sind Verginius wichtiger als das (physische) Leben?
b) Akzeptieren Sie persönlich seine Haltung (mit Begründung)?

Das Ende des Dezemvirats (3, 54, 5–10)

Unmittelbar nach der Verginius-Rede (50, 10) versagen die Soldaten den acht Dezemvirn (↗ zu 49, 6) den Gehorsam und besetzen den Aventin (in Rom): *ad repetendam libertatem creandosque tribunos plebis.* Drei *legati* mit konsularischem Rang (50, 15) sollen die *plebs* beruhigen, doch wählen die Besetzer 10, später 20 Militärtribunen. Vom Aventin ziehen die Soldaten auf den *Mons Sacer* (ca. 4,5 km nordöstlich der Stadtmauer), wohin ein Großteil des Volkes von Rom nachfolgt. Der Senat beschließt mittlerweile den straffreien Rücktritt der Dezemvirn, was der Menge auf dem *Mons Sacer* mitgeteilt wird. Icilius, derzeit ihr Sprecher, verlangt als Bedingung für eine Einigung die *potestas tribunicia* und *provocatio,* die alten *auxilia plebis* (53, 4; ↗ 45, 8 *duas arces libertatis*). Diesen Bescheid übermitteln die *legati* dem Senat. — Zu den Berichten des Fabius Pictor (E 2) und der Jüngeren Annalisten (E 6) ↗ Burck (WdF) 97–101.

54,5 **Q. Furius** (der Name ist unsicher) **pontifex maximus . . . crearet**: In dieser Ausnahmesituation führte er die Wahl der Volkstribunen durch. Unter den Priesterschaften übernahmen gerade die *pontifices* gelegentlich politische Aufgaben (hier die Wahlleitung); der *pontifex maximus* bekleidete des Öfteren ein Staatsamt wie später Cäsar und ab Augustus die Kaiser bis ins ausgehende 4. Jh. n.

secessio: Die Überlieferung berichtet von drei *secessiones* während der Ständekämpfe: in den Jahren 494 (↗ Text 2.4), 449 und 287; auch die zweite *secessio* wird heute als historisch angesehen.

7 **quidquid in urbe hominum supererat**: Die meisten waren am *Mons Sacer*; diese Einschränkung gilt auch für *contio* (§ 6).

prosequitur: D. h. ins Lager auf dem Heiligen Berg.

libertatem concordiamque: Weil das Dezemvirat als *servitus* (bzw. *regnum* des Appius) empfunden worden war bzw. wegen des Ausgleichs zwischen Patriziern (Senat) und Plebejern (auf dem *Mons Sacer*).

8 **contione**: Entgegen der herkömmlichen Praxis (↗ zu 34, 1) hier eine spontane Versammlung.

Quod bonum, faustum felixque sit: ↗ zu 34, 1.

modestia: Die (verkappte) Mahnung ist sehr angebracht, da das erregte Volk eben noch den Feuertod der Dezemvirn gefordert hatte (53, 5).

9 **In Aventinum** (↗ Vorbemerkung) . . ., **ubi prima initia incohastis libertatis**: Nach Piso, während Liv. den *Mons Sacer* genannt hatte (↗ zu 2, 32, 2 f.); der Grund für die Unstimmigkeit ist nicht klar.

Unter den ersten wiedergewählten Volkstribunen sind Verginius, Icilius und Numitorius (*avunculus Verginiae*: § 11).

Fr Inwiefern könnte man bei § 7 *libertatem concordiamque civitati restitutam* eine Anspielung auf Livius' eigene Zeit sehen?

Zur Vertiefung der Verginia-Geschichte:

1. Kann man die Verginia-Geschichte als belehrendes Beispiel im Sinn der *praefatio* § 10 (Text 2. 10) sehen?

2. Th. Mommsen († 1903) meinte, gegen den legalisierten Absolutismus gebe es schließlich keine Hilfe als die illegale Selbsthilfe der Einzelnen. Diskutieren Sie diesen Deutungsversuch!

3. Geben Sie eine begründete Stellungnahme zu der Würdigung des livian. Stils bei Schanz, M. — Hosius, C. (Geschichte der römischen Literatur II. ^{4}1935; ND München 1967, 312): „In den Erzählungen bewundern wir die dramatische Gestaltung und die lebendige Anschaulichkeit; seine Persönlichkeiten charakterisieren sich selbst oder werden durch Äußerungen der Zeitgenossen ins Licht gestellt. Die Reden, die fast durchweg auf freier Erfindung beruhen, wenn auch zum Teil an die Überlieferung angeknüpft wird, geben dem Geschichtsschreiber Anlass, uns tiefer in den Gang der Ereignisse einzuführen; vorzugsweise dienen sie aber zur feinen psychologischen Charakteristik der sprechenden Personen . . ."

4. Es gibt zahlreiche Darstellungen (allein 40 in der Barockzeit) von der Verginia-Erzählung; vergleichen Sie diese mit dem Gemälde von Botticelli, Storia di Virginia Romana (in Bergamo) S. 37 Textband!
(Welche Szenen aus der Livius-Erzählung gibt Botticelli wieder?)

5. (als Kurzreferat oder Facharbeit) G. E. Lessing (1729–1781) übernahm das Motiv der „Verginia", von der er schon 1756/7 den Dramenentwurf ‚Verginia' geschaffen hatte, in sein Drama ‚Emilia Galotti' (1772), eines der ersten politischen Dramen der neueren deutschen Literatur. Referieren

Sie Inhalt und Intention dieses Dramas! Vergleichen Sie die Todesszenen!

Lessing, Emilia Galotti, 5. Aufzug, 8. Auftritt:

Emilia: *Es ist wahr, mit einer Haarnadel soll ich — Du noch hier? — Herunter mit dir! Du gehörest nicht in das Haar einer — wie mein Vater will, dass ich werden soll!*

Odoardo: *Oh, meine Tochter!*

Emilia: *Oh, mein Vater, wenn ich Sie erriete! — Doch nein, das wollen Sie auch nicht. Warum zauderten Sie sonst? — Ehedem gab es wohl einen Vater, der seine Tochter von der Schande zu retten, ihr den ersten, den besten Stahl in das Herz senkte — ihr zum zweiten Male das Leben gab. Aber alle solche Taten sind von ehedem! Solche Väter gibt es keinen mehr!*

2.9 Das Schicksal des Aemilius Paullus (45, 7–8; 40–42)

Die beiden folgenden, von Liv. bewusst aufeinander bezogenen Textabschnitte stellen Aemilius Paullus (s. u.), einen von *humanitas* (d. h. von Menschlichkeit und griechischer Bildung) geprägten römischen Feldherrn des 2. Jh., vor. Nach der Befreiung Griechenlands von der makedonischen Herrschaft durch Flamininus (196 v.) stellt der Sieg des Aemilius Paullus über den letzten Makedonenkönig Perseus (s. u.) den entscheidenden Schritt zur Ausweitung der römischen Herrschaft nach Osten dar.
(Vgl. auch Burck [1992] Kapitel VII 4 Perseus und L. Aemilius Paullus, 153–159.)

Der Sieger über Perseus (45, 7, 4–8, 7)

7,4 **Perseus**: König von Makedonien (179–168); er widersetzte sich mit Hilfe Griechenlands der römischen Expansion, wurde aber von Rom ab 171 v. bekämpft, von L. Aemilius Paullus 168 v. bei Pydna endgültig besiegt und in Rom im Triumphzug mitgeführt; er starb in römischer Gefangenschaft (165 oder 162). Seit 168 v. erhielt Rom entscheidenden Einfluss über ganz Griechenland.

5 **consul**: L. Aemilius Paullus, cos. 182 und 168, † 160 v.; sein leiblicher Sohn, der jüngere Scipio Africanus (daher auch Aemilianus), wurde von dem Sohn des älteren Scipio Africanus adoptiert.

sedēre: Normalerweise mussten sich die Anwesenden erheben, um dem Konsul ihre Ehrerbietung zu erweisen.

adversus advocatos . . . considere: Perseus soll den im Feldherrnzelt versammelten Offizieren gegenüber sitzen, für alle sichtbar.

8,3 **Si iuvenis**: Perseus, 212 v. geboren, war damals 44 Jahre alt.

4 **bello patris tui**: Der Vater Philipp V. wurde 197 v. im 2. Makedonischen Krieg bei Kynoskephalai (in Thessalien) von Flamininus geschlagen. Er musste auf die Herrschaft über Griechenland verzichten, eine hohe Kriegssteuer zahlen und fast seine ganze Flotte ausliefern.

5 **sive errore humano seu casu seu necessitate**: Vielleicht bewusst für den gebildeten König formuliert; er konnte die philosophischen Gedanken

(Epikureismus — Stoa) heraushören. Die entschuldigende Wendung, die Aemilius aus Taktgefühl gegenüber dem geschlagenen Feind verwendet, ist um so erstaunlicher, als Liv. den Perseus bisher als Kriegstreiber und vielfachen Mörder geschildert hatte (Burck s. o.).
clementia: Die Milde als politische Propaganda ist möglicherweise livianische Rückprojizierung des Verhaltens von Cäsar und Augustus auf frühere Zeiten. In Liv.' Darstellung spielt die *clementia* keine unbedeutende Rolle; von Perseus selbst war 42, 42, 9 die *clementiae gravitatisque . . . fama volgata* (W) *per gentes* erwähnt worden, und Aemilius hatte ihn bei den Kapitulationsverhandlungen aufgefordert, *ut se suaque omnia in fidem clementiamque p. R. permitteret* (45, 4, 7).

6 **Graeco sermone**: Die Kenntnis des Griechischen war 168 v. nicht mehr allzu ungewöhnlich (↗ E 2/3: Ältere Annalisten, Ennius und Cato). Mit 168 begann die Verbreitung der griech. Kultur in Italien, da 1000 griech. Geiseln in römischen Privathaushalten untergebracht wurden.
nec praesenti credere fortunae: Ein bei griech. Autoren (Herodot und Polybios) und bei Liv. öfters belegter Gedanke, z. B. in Hannibals Rede vor der Schlacht bei Zama (30, 30, 18).
quid vesper ferat . . .: Bereits in der Antike sprichwörtlich.

Fr 1. Belegen Sie die belehrende Absicht des Aemilius (Livius) am Text!
2. Interpretieren Sie Aemilius' Reden (8, 3–7) sprachlich — stilistisch!
3. Tragen Sie die Reden gemäß der Intention des Sprechers vor!

Das Leid des Triumphators (45, 40, 6–42, 1)

40,6 **humanorum casuum**: Rück- und Vorverweis des Autors: Für Aemilius Paullus war 45, 8, 6 Perseus ein *exemplum mutationis rerum humanarum* gewesen, jetzt bezeichnet Liv. selbst das im Folgenden geschilderte Schicksal des Aemilius Paullus als *documentum humanorum casuum.*
in catenis ante currum . . .: Der Senat bewilligte einem Feldherrn einen Triumph, wenn (in einem *bellum iustum*) in einer siegreichen Schlacht zur Beendigung eines Krieges mindestens 5000 Feinde gefallen waren; der Triumphzug führte vom Marsfeld über das Forum zum Kapitol, wo der Triumphator dem Jupiter opferte und ihm seinen Lorbeerkranz weihte. Vor der Quadriga des Feldherrn, die von vier Schimmeln gezogen wurde, gingen die prominenten Kriegsgefangenen in Fesseln; auch Schaustücke aus der Beute wurden mitgeführt.

7 **duobus datis in adoptionem**: Q. Fabius Maximus Aemilianus war in die *gens Fabia,* P. Cornelius Scipio Aemilianus in die *gens Cornelia* (↗ zu 7, 5) adoptiert worden. Die Adoption — zu erkennen am Cognomen auf *-anus* — war v. a. bei Kindern aus vornehmem Haus zur Fortführung einer *gens* üblich; später wurden auf diese Weise z. B. die „Adoptivkaiser" Nachfolger der jeweils regierenden Kaiser.

8 **praetextatos**: Beide Söhne waren unter 17 Jahren, also in Knabentoga.

9 **M. Antonio**: Der genaue Verwandtschaftsgrad zu dem gleichnamigen Triumvirn (↗ z. B. Tac. ann. 1, 2, 1) ist nicht zu ermitteln.

data ... contione: Da das Amtsjahr des Paullus abgelaufen war, musste ihm ein amtierender Magistrat die Möglichkeit zu einer *contio* geben.

41,4 **Ubi ...**: Der ganze Feldzug — auch der Sieg bei Pydna — wird in einem Satz beschrieben; die dadurch verdeutlichte Schnelligkeit der Unternehmung wird im nächsten Abschnitt ausdrücklich genannt.

Vgl. zu dieser Rede Burck (1992) 74, der dem Thema Reden ein informatives Kapitel widmet.

mutatis quibusdam: Die schlechte Wasserversorgung und vor allem die verheerende Kampfmoral der Truppe; Letzteres war das *impedimentum victoriae.*

inter praesidia eius (~ *Persei*) **saltum ad Petram evasi**: Das römische Heer übernahm Aemilius in Thessalien am linken Ufer des Penéus. Der urspr. knapp 10 km nördlich bei der Festung Phila stehende Perseus zog nach den Änderungen im römischen Heer nach Norden zum Fluss Enípeus, um den Römern den Übergang zu verwehren (*neque cogi pugnare poterat*). Während sich Aemilius zum Schein um den Übergang bemühte, drang eine römische Abteilung von 5000 Mann, angeführt von den beiden Söhnen des Aemilius, die er aber schon zur Adoption freigegeben hatte (↗ 40, 7), „mitten durch die feindlichen Stützpunkte", überstieg die steilen Höhen des Olympos und überquerte den Enipeus weiter westlich bei Petra; wegen des drohenden Doppelangriffs wich Perseus zum nördlichen Pydna aus, wo im September 168 die große Schlacht stattfand.

7 **tanta pecunia regia**: Die Kriegsbeute war so gewaltig, dass die römischen Bürger ab 167 v. in Italien keine Steuern mehr zahlen mussten.

8 **cum ex summo retro volvi fortuna consuesset**: Das Bild vom „Glücksrad" — aus den *Carmina Burana* (z. B. Nr. 16) und der mittelalterlichen Kunst bekannt — ist in der Antike durch die Vorstellung von der Unbeständigkeit des Glücks vorbereitet. *Fortuna* hatte in Rom viele Tempel; ihren Kult soll König Servius Tullius (↗ Text 2.2) eingeführt haben; wahrscheinlich hat auch Aemilius einen *Fortuna*-Tempel erbaut.

9 **fortuna publica**: Sie hatte auf dem Quirinal drei Tempel.

11 **neque ... superest, qui ...**: Aemilius war damals ca. 60 Jahre alt; da die Adoption der beiden anderen Söhne nicht rückgängig zu machen war, starb der Zweig der *Aemilii Paulli* aus.

Fr 1. Verdeutlichen Sie den antithetischen Aufbau von 41, 10/11!

2. J. Gruber (Dialog 24, S. 32) unterscheidet in der Rede des Aemilius einen nüchternen „Stil des Commentarius" und eine kunstvolle Gestaltung bei den persönlichen Aussagen. Belegen Sie dies am Text!

3. Wo zeigt Livius persönliche Anteilnahme am Schicksal des Aemilius?

2.10 praefatio

Neben der einzig erhaltenen separaten *praefatio* hat Liv. noch am Anfang von B. 6, 21 und 31 Einleitungsabschnitte. Sonst beginnen die Bücher mit Beamten oder mit einem wichtigen Namen/Ereignis. An die *praefatio* erinnert ausdrücklich 31, 1, 1 *(me) profiteri ausum per-scripturum res omnis Romanas,* wo Liv. die wachsende Stoff-Fülle beklagt.

Fr Erschließen Sie die Grundgedanken der *praefatio* (↗ auch E 11. 3)! (↗ die Aufsätze von Oppermann, Walsh u. Leemann in WdF 132 [Burck]). Zur Vertiefung folgt der Anfang der ersten Kapitel von B. 6 und 21.

6,1 Quae ab condita urbe Roma ad captam eandem Romani sub regibus primum, consulibus deinde ac dictatoribus decemvirisque ac tribunis consularibus gessēre — foris bella, domi seditiones — quinque libris exposui:

2 Res cum vetustate nimia obscuras velut quae magno ex intervallo loci vix cernuntur, tum quod rarae per eadem tempora litterae fuēre (una custodia fidelis memoriae rerum gestarum) et quod, etiam si quae in commentariis pontificum aliisque publicis privatisque erant monumentis, incensa urbe pleraeque interiere.

3 Clariora deinceps certioraque ab secunda origine velut ab stirpibus laetius feraciusque renatae urbis gesta domi militiaeque exponentur.

Fr Worin liegen für Livius als Geschichtsschreiber die Schwierigkeiten einer objektiven Darstellung der Ereignisse in den Büchern 1–5?

21,1 In parte operis mei licet mihi praefari, quod in principio summae totius professi plerique sunt rerum scriptores, bellum maxime omnium memorabile, quae umquam gesta sint, me scripturum, quod Hannibale duce Carthaginienses cum populo Romano gessēre.

2 Nam neque validiores opibus ullae inter se civitates gentesque contulerunt arma neque his ipsis tantum umquam virium aut roboris fuit: et haud ignotas belli artes inter sese, sed expertas primo Punico conferebant bello, et adeo varia fortuna belli ancepsque Mars fuit, ut propius periculum fuerint, qui vicerunt.

Fr 1. Wie begründet Livius die Vorrede zu Buch 21?
2. Aus welchen vier Gründen ist der 2. Punische Krieg so bedeutend?

6,1 **Quae** ~ *Ea, quae* — (*usque*) **ad captam** (R 7) — (*sub*) **consulibus** — **vetustas** Alter — **velut** (*eas*), **quae** — **tum** (*obscuras*) — **custodia** h. Bewahrung — **in commentariis pontificum** ↗ E 1 — **dein-ceps** nacheinander; h. ab jetzt — **certior** h. besser verbürgt — **ab** (*origine*): h. ab; in — **velut ab stirpibus** (*stirps* Wurzelstock): wie bei einem an der Wurzel abgehauenen und neu treibenden Baum — **laetus** h. üppig — **fer-ax, -acis** fruchtbar

21,1 **prae-fari** (+ AcI): die Bemerkung vorausschicken — (*id,*) **quod** — **summa** h. Gesamtwerk — **profiteri** h. äußern, vorbringen — **plerique** (nkl.): manche — **artes**: W — **expertas**: pass. — **varius** h. wechselhaft — **propius** (↗ *prope*): + Akk.

3. Begleittexte

(↗ 6.2.1.3)

Zum römischen Recht (↗ Fuhrmann, M. [6.2.3]: Kap. 13) BT 1–5

Das römische Recht ist ein aus den *mores maiorum* (ungeschriebenes Gesetz) erwachsenes Recht, zu dem alle Schichten des römischen Volkes ihren Beitrag leisteten; dabei bestimmte sie natürliches und vernünftiges Denken (*lex est ratio summa, insita in natura*: BT 4), richtiges und nach menschlichem Empfinden gerechtes Handeln. Geleitet von diesem natürlichen Rechtsempfinden und Rechtsbewusstsein, erhob sich die Plebs gegen die Willkür und widerrechtlichen Maßnahmen der Patrizier und erzwang mit dem Zwölftafelgesetz die erste und — wie sich später zeigte — auch einzige gemeinsame Rechtskodifikation der Römer. In der Folgezeit war die Gesetzgebung durch das Volk nur in Form von Plebisziten möglich, die auf Antrag der Volkstribunen beschlossen wurden und erst durch die *lex Hortensia* im Jahre 287 v. Gesetzeskraft erhielten.

Als weitere Quellen des Rechts werden von dem Rechtsgelehrten Gaius (BT 3) die *senatus consulta*, Empfehlungen des Senats, erwähnt, die aufgrund der *auctoritas* der Senatoren bis in die frühe Kaiserzeit hinein als verbindliche Empfehlungen galten. Spätestens seit dem 2. Jh. wurden die Volksgesetzgebung und das Senatsrecht durch das Kaiserrecht, die sog. *constitutiones principis* (*mandata, decreta, epistulae, edicta*), ergänzt.

Die Auslegung des Zwölftafelgesetzes lag in Händen der *pontifices*, deren Aufgabe später von den *patroni* übernommen wurde. Die Ausweitung des römischen Imperiums und die sozialen und wirtschaftlichen Verflechtungen ließen die Gesetzgebung immer weniger überschaubar werden und förderten so den Aufstieg der *iuris prudentes* oder *iuris consulti.* Die umfassende Fachkenntnis dieser Juristen stand in hohem Ansehen, so dass Augustus einigen ihm sehr ergebenen das *ius respondendi ex auctoritate principis* verlieh, also die Befugnis, juristisch verbindliche Bescheide (*responsa*) zu erteilen. Seit der Epoche der ausgehenden Republik begannen viele dieser Juristen, die Gesetzgebung bis auf ihre Zeit zusammenzufassen und zu analysieren. Im 2. und 3. Jh. n. erlebte die Rechtsliteratur (P. Salvius Iulianus um 130, Gaius um 160, Aemilius Papinianus, Iulius Paulus und Domitius Ulpianus nach 200) auf Veranlassung verschiedener Kaiser einen gewaltigen Aufschwung. Daher beauftragte 528 Kaiser Justinian (527–565) eine Kommission damit, die umfangreiche Rechtsliteratur aufzuarbeiten und zu sichten. So entstanden:

— eine Auswahl des Juristenrechts in 50 B., d. h. 2000 (dünnere) B. von 40 Juristen wurden auf etwa ein Zwanzigstel verkürzt; dieser Teil heißt *Digesten* („Geordnetes", Sammlungen: lat. ↗ *di-gerere*) bzw. *Pan-dekten* („alles umfassende [Bücher]": griech.), die „das juristische Denken der abendländischen Menschheit" bis heute befruchteten (Kaser 246) — ein Werk, das sich eher an Gelehrte richtete

— für die Rechtsschulen ein Elementarbuch, welches das des Gaius ersetzen sollte, die *Institutiones* in 4 B.

— der *Codex Iustinianus* in 12 B. (529 erstmals und 534 in überarbeiteter Form erschienen): die sog. Kaiserkonstitutionen (mehr als die Hälfte stammt aus der Zeit vor Konstantin, die älteste von Hadrian)
— die Novellen/*Novellae constitutiones* (Nachtragsgesetze ab 535).
Diese vier Teile bilden das berühmte Gesetzgebungswerk des Kaisers Justinian, das 1583 den Titel *Corpus iuris civilis* erhielt.

3.1 Das Zwölftafelgesetz (↗ auch zu 3, 34, 6)

Die zwölf Tafeln aus Bronze oder Holz, die im Jahre 451/50 v. auf dem Forum Romanum für jedermann zugänglich und natürlich auch zur sorgfältigen Beobachtung aufgestellt wurden, umfassen private, öffentliche und sakrale Gesetze. Nach Cicero mussten die Kinder noch im 1. Jh. v. die Zwölftafeln wie ein *carmen necessarium* auswendig lernen. Der Wortlaut des Zwölftafelgesetzes ist uns nur zu etwa einem Drittel durch Zitate erhalten; die Originale sollen beim Sturm der Gallier auf Rom 387 v. untergegangen sein.
In sprachlicher Hinsicht fällt dreierlei auf:
a) die altlat. Formen, z. B. *em* für *eum, escit* für *erit, faxsit* für *fecerit;*
b) der typische Satzbau: Auf einen Wenn-Satz (Protasis), der den Tatbestand festlegt (z. B. VIII 4 *Si iniuriam faxsit* . . .), folgt meist ein Hauptsatz (Apodosis), welcher die diesem Tatbestand entsprechende Bestimmung beinhaltet (. . . *XXV poenae sunto*);
c) die Subjekte (z. B. Kläger, Angeklagter, „Praetor“: dem Amte nach einer der beiden Konsuln) sind häufig zu ergänzen. Die äußerst knappe Ausdrucksweise aller Bestimmungen resultiert aus dem Bestreben nach Einfachheit, wobei natürlich jedem einzelnen Wort höchstes Gewicht und größte Bedeutung zukommen. Bereits im 5. Jh. v. dürften die Grundsätze *Leges breves esse oportet* bzw. *Leges ab omnibus intellegi debent* den Dezemvirn vertraut gewesen sein.

Tabula I (Ladungsvorschriften)

1 **in ius**: D. h. aufs Forum bzw. Comitium (↗ § 7) zum „Praetor“ (s. o.). **capito**: Gewaltanwendung ist nur im Weigerungsfall und nur vor Zeugen (vgl. Horaz Sat. 1, 9, 76 *licet antestari*; Plautus, Persa 745 ff.) zulässig.
2 **pedem struit**: Beim Vereitelungsversuch kann der Kläger ohne Zeugenanrufung zur Selbsthilfe greifen; die Verhaftung kann dann nur noch ein *vindex* (§ 4) verhindern.
3 **iumentum**: Eine Milderungsvorschrift für Gebrechliche — eine Verbesserung gegenüber früher —, doch keine Überlastung des Klägers (*arcera*).
4 **adsiduo**: Nur ein ansässiger und leistungsfähiger Bürger sollte einen anderen *adsiduus* der Strafverfolgung entziehen können; beim *proletarius* (dem unbemittelten Bürger der untersten Klasse, der nur Nachkommenschaft/*proles* hat,) ist diese Vorsicht unnötig.
6 **orato**: Nach Cicero, leg. 3, 8 muss bei der gütlichen Einigung der Streitenden der „Praetor“ den Spruch fällen und möglichst durch Eid oder Strafandrohung eine Erneuerung des Streits unmöglich machen.

7 **comitio**: Teil des nördlichen Forums; ↗ zu Tac., Agr. 2, 1 *triumviris*. **caussam**: *caussa* für *causa* wird noch 400 Jahre später von Cicero und Vergil geschrieben, obwohl der Rhotazismus (der Wandel von einfachem intervokalischem *s* zu *r*) am Ende des 4. Jh. v. abgeschlossen ist.

8 **litem addicito**: Betrifft das sog. Versäumnisrecht. Damit wurde aus der Einleitung eines Verfahrens (*legis-actio*) ein eigentliches Rechtsverfahren (*iudicium, lis*). Der „Praetor" spricht das dritte seiner drei feierlichen Worte: *do — dico — addico.*

Tabula VIII (Deliktrecht)

2 **membrum rupsit**: *membrum rumpere* ist ein schwerer Angriff auf die Gesundheit eines Menschen, der bleibende Folgen verursacht und nach dem Talionsprinzip (s. u.) geahndet werden soll bzw. kann. Für einen wieder heilbaren Bruch (*os frangere*: § 2) ist eine Geldstrafe (*poena*) vorgesehen. *Iniuria* (§ 3) bezeichnet nach Düll „eine leichte Körperverletzung", nach Kaser (60 bzw. 122) „das im Zivilprozess verfolgbare Delikt der Personenverletzung (Beleidigung)" bzw. „die vorsätzliche Verletzung fremder Persönlichkeit", nach Liebs 288 beinhalten *iniuriae* „widerrechtliche Gewalthandlungen gegen andere Personen (*alteri*) . . ., Körperverletzungen aller Art und wohl auch (schwere) Beeinträchtigungen der Bewegungsfreiheit." **talio**: Die Talion (von *talis* ebenso beschaffen) oder das Vergeltungsrecht (Kant spricht von „Wiedervergeltung" durch das Opfer oder seine Sippe, nicht durch ein staatliches Organ), das sich im Zwölftafelgesetz auf Körperverletzung bezieht, findet seine Entsprechung u. a. im germanischen Recht und vor allem im Alten Testament, 2 Moses 21, 23–25: „. . . so gilt für die Strafe der Grundsatz: Leben für Leben, Auge für Auge, Zahn für Zahn, Hand für Hand, Fuß für Fuß, Brandwunde für Brandwunde, Verletzung für Verletzung, Strieme für Strieme." Bereits das Zwölftafelgesetz räumt allerdings einem Vergleich höheren Wert ein als einem Vergeltungsschlag, dessen Verhältnismäßigkeit wohl nur selten gewahrt ist (vgl. Liebs 287).

Tabula X (Bestattungsrecht)

1 **Hominem mortuum** . . .: Cicero, leg. 2, 58 erklärt das Verbot der Feuerbestattung mit *propter ignis periculum*; das Verbot der Erdbestattung hat sanitäre Gründe (Düll 94). Beide Bestattungsarten sind in Italien üblich, die Feuerbestattung scheint älter zu sein (Vogt).

Fr 1. In welcher Form regelt das Zwölftafelgesetz die Ladung vor Gericht und die Übertragung des Rechtsstreits auf einen Bürgen?
2. Wie ist (auch in zeitlicher Hinsicht) ein Vergleich geregelt?
3. a) Wie regelt das deutsche Strafgesetzbuch § 224 Körperverletzungen?
b) Welche Unterscheidungen trifft die moderne Rechtsprechung?

3.2 Lex Aquilia de damno (Iustinianus, institutiones 4,3)

(Zu **Iustinian** ↗ S. 45; zur lex Aquilia ↗ 6.2.3 Hausmaninger)

Die *Lex Aquilia de damno,* 286 v. von Aquilius eingebracht, bezieht sich i. Allg. auf die Sachbeschädigung; sie ersetzt/ergänzt die Schadenersatzbestimmungen aus dem Zwölftafelgesetz (↗ Flach [1994: 6.2.3] 201/2).
iniuria: Steht noch mehr im objekitven Sinn der Rechtswidrigkeit (Rechtsverstoß) als im subjektiven des Rechtsverschuldens (und der Verwerflichkeit: vorsätzlich oder fahrlässig); Rechtfertigungsgründe wie Notwehr und Einwilligung des Verletzten scheiden aus.

1 **occideret**: Nach Liebs 265 „ursprünglich ... wohl wirklich nur gewalttätiges Erschlagen ..., dem man das Töten durch Einflößen von Gift jedoch gleichstellte; das Wort *occidere* erfuhr eine Bedeutungserweiterung, es heißt jetzt ‚töten' schlechthin, sofern nur die letzte, entscheidende Bewegung nicht vom Opfer selbst kam. Nach heutigen Begriffen tötet auch, wer Gift als Arznei ausgibt und den anderen gutgläubig einnehmen lässt; wer einem Rasenden scheinbar passiv ein Messer hinhält, in das sich dieser stürzt; oder wer ... als Krankenpfleger seine Pflicht versäumt, als Heizer vor dem zu bewachenden offenen Feuer einschläft. Töten durch Unterlassung oder gar in Ausnutzung unkontrollierter Handlungen des Opfers unter *occidere* zu bringen, schien den römischen Juristen jedoch zu gewagt, ähnlich wie heute eine bloß mittelbare Verursachung eines Erfolgs und zumal ein vom Täter nicht gesteuertes Dazwischentreten eines Dritten immer wieder Skrupel auslöst, ob der Täter den Erfolg überhaupt verursacht hat." Die Juristen unterscheiden aber *occīdere* und *causam mortis praestare.*

13 **canem aut feram bestiam**: Ein Hund oder andere wilde Tiere gehören ganz offensichtlich nicht zum Vieh eines Bauern.

Fr 1. Unter welchen Umständen muss man aufgrund der *Lex Aquilia* für Tötung haften bzw. nicht haften?
2. Welche Formen von Sachbeschädigung können unter dem Begriff *rumpere* (↗ BT 1: VIII) zusammengefasst werden?

Gaius, institutiones BT 3

Gaius' Schrift ‚Institutiones' behandelt in vier Büchern das Personenrecht, Rechtsgeschäfte, Erbschaftsfragen und die verschiedenen Arten von Prozessen. Das Werk wurde etwa zwischen 140 und 165 n. geschrieben. Wahrscheinlich sollte es (ähnlich wie Quintilians Lehrschrift ‚Institutio oratoria' in die Rhetorik) in das Studium der Rechtskunde einführen. Es bildet die Grundlage für die ‚Institutiones' Justinians und scheint auch von Griechen bearbeitet worden zu sein. Es ist für uns das einzige (weitgehend) erhaltene juristische Werk der klassischen Zeit; es wurde 1816 von dem Historiker G. Niebuhr in Verona auf einem Palimpsest entdeckt. Das (übernommene und fortentwickelte) System der Durchgliederung des Stoffes, das sog. Gaius-System, hat auch das BGB (1900) geprägt. Gaius, von dem wir nur noch einige Titel verlorener Werke kennen, war wohl mehr Theoretiker als praktizierender Jurist (Kaser 191/3; Fuhrmann 315).

3.3 **De iure personarum** (institutiones 1, 48–54)

48 **Sequitur de . . .**: Kunstloser Beginn eines neuen Abschnitts; unsere (im Stil „unfertige") Fassung von Gaius' Institutionen ist eine nicht autorisierte Abschrift von Gaius' Lehrvorträgen (Liebs 68).
alia divisio: Gaius knüpft an § 9–11 [*de condicione hominum*] an, wo er alle Menschen in *liberi* (präzisiert durch *ingenui* und *libertini*) und *servi* einteilt. Diese Zweiteilung passt zu unserer Stelle nur z. T. (darum *alia divisio*); vor allem werden die Herrschaftsverhältnisse jetzt genauer unterschieden.
sui iuris . . . alieno iuri subiectae: Nach altrömischer Vorstellung ist allein der *pater familias* als Oberhaupt der Familie *sui iuris.*

49 **rursus**: Beginn einer weiteren *divisio* (*rursus* also „weiterhin").
in potestate . . . in manu . . . in mancipio: Hier drei klar unterschiedene Herrschaftsformen (*aliae*), bei denen die Grenzen fließend sind:
potestas: Die wohl strengste Form (*vitae necisque*) gegenüber *servi;*
manus-Gewalt (genauer § 108 ff.): Herrschaftsverhältnis des *pater familias* über die *uxor* bei einer feierlich geschlossenen Ehe, also nicht die Folge der Ehegewalt schlechthin; ursprünglich auch eine Vollgewalt (*vitae necisque*), die aber bald eingeschränkt wurde. Es bleibt der Verlust der Rechtsfähigkeit; so geht z. B. das Vermögen der *uxor* auf den Ehemann über; die Frau hat die Rechtsstellung *loco filiae.* Die *manus*-Gewalt gibt es nur bei *feminae* (Gaius 1, 109), sie war bereits im Zwölftafelgesetz erwähnt (Gaius 1, 111);
mancipium (genauer § 116 ff.): Ein schillernder Begriff ~ *mancip-atio*: der förmliche Kaufvorgang bei Erwerb von Eigentum oder Gewaltverhältnis durch „Handergreifung" (*quia manu res capitur:* 121). Im engeren Sinn ist *in mancipio* das dem Erwerber manzipierte (überlassene) – fremde – Hauskind. Dieses bleibt zwar „frei" und kann eine gültige Ehe eingehen, kann aber vor einer formalen Freilassung (*manu-missio* ↗ zu Tac. ann. 15, 54, 2) kein Erbe antreten. Das *mancipium* ist ein altes „Abhängigkeitsverhältnis eines Freien"; wegen der Einschränkungen sind für Gaius die *mancipati mancipatae-ve* doch *servorum loco* (§ 123).

52 **iuris gentium**: Meint hier eine Praxis, die bei allen Völkern üblich ist. Ansonsten muss beim römischen Recht die Bedeutungsveränderung folgender Begriffe beachtet werden:
ius civile meint bei den Römern das Recht zwischen römischen Bürgern — heute versteht man unter „Zivilrecht" das Privatrecht;
ius gentium beinhaltet bei den Römern den Teil des Privatrechts, der mit dem Privatrecht anderer Völker zu tun hat: ein Problem, das für die Römer mit der Verwaltung von Provinzen und dem dafür ernannten *praetor peregrinus* begann — heute bedeutet „Völkerrecht" das Recht zwischen verschiedenen Staaten.

53 **ex constitutione imperatoris Antonini**: Das entspricht der damals üblichen Humanisierung des Rechts, die mit Trajan beginnt (bei den Christen) und sich über Hadrian bis zu Antoninus Pius (138–161) fortsetzt. Ansätze dazu begegnen bereits bei Augustus. Die *constitutiones* waren die in der Kaiserzeit übliche Form der Rechtsschöpfung (↗ S. 45 f.).

coercetur: Höhe und Art der Strafe sind nicht zu ermitteln.
praecepit: Wohl in einer *epistula* (↗ S. 45), d. h. in einem kaiserlichen Antwortschreiben nach einer Anfrage/einem Bericht von Beamten.
interdicitur bonorum ... administratio: ↗ zu § 54 *in bonis*.

54 **duplex ... dominium**: Urspr. gab es bei den Römern nur *unum dominium*, d. h. die rechtliche Vollgewalt des Eigentümers. Später betrachteten die Juristen das prätorisch geschützte *in bonis habere/esse* als Sonderform des *dominium ex iure Quiritium* (Gaius 2, 40). Die Begriffserklärung des Letzteren gelang erst dem Historiker Niebuhr (der den Gaius-Text entdeckte; † 1831) und dem Rechtsgelehrten Savigny († 1861), vgl. Momigliano, A.: Wege in die alte Welt, Berlin 1991, 122.
bona: Meint ein Vermögen, das als Ganzes, also ungeteilt, bestimmte rechtliche Veränderungen erfuhr, z. B. durch Erbschaft, Versteigerung, Vermögensverlust, wobei es keine Einzelveräußerung gab.
ius Quiritium: Altertümliche Bezeichnung für *ius civile* (Kaser 130).

Cicero, de legibus BT 4

Analog zu Plato, der seinen ‚Staat' durch die ‚Gesetze' ergänzte, fügte Cicero den sechs Büchern ‚De re publica' drei Bücher ‚De legibus' hinzu. Dieser Dialog wurde etwa ab 52 v. geschrieben, aber nicht vollendet und erst postum herausgegeben, vielleicht von Ciceros Freigelassenem Tiro.
Auf Bitten des Atticus bietet Cicero seine Vorstellungen vom Naturrecht. Das antike Naturrecht (*ius naturale*) postuliert ein nach Ort und Zeit unverändertes, mit der gleichbleibenden Natur des Menschen gegebenes und für alle gültiges Recht; dieses (ungeschriebene) Recht sei Voraussetzung, Grundlage und Korrektiv für schriftliche Fixierungen des Rechts (positives Recht). Das Naturrecht ist nicht Gegenstand der Rechtswissenschaft, sondern der Rechtsphilosophie, für die es auch bei den Griechen nur Ansätze gab. Ciceros Gedanken gehen z. T. auf die Stoiker mit ihrer Lehre von der Gemeinschaft aller Menschen zurück. Da die Stoiker die Begriffe *natura — deus — ratio* weitgehend gleichsetzen, steht dieses Naturrecht im Einklang mit dem göttlichen Recht (*fas*) und ist die höchste Entfaltung der Vernunft (*ratio summa, insita in natura*). Der stoische Ansatz wieder fußt z. T. auf Aristoteles, der innerhalb des „politischen Rechts" zwischen dem natürlichen/ungeschriebenen/unveränderlichen Recht und dem gesetzmäßigen/aufgeschriebenen/veränderlichen Recht unterscheidet (Nikomachische Ethik 1134 b 24 ff. und 1162 b 21 f.), ja es lässt sich bis Platon (Idee der Gerechtigkeit — gerechte Einzelfestsetzungen) zurückverfolgen.

3.4 Nunc iuris principia videamus (de legibus 1, 18–19)

18 **doctissimis viris:** Speziell die Stoiker, aber nicht nur sie.
lex est ratio summa, insita in natura: Den Gedanken, dass *vera lex* und *recta ratio* untrennbar verbunden seien, äußerte Cicero — von der Stoa beeinflusst — bereits in der Laelius-Rede (rep. 3, 33): *Est quidem vera lex recta ratio, naturae congruens, diffusa in omnis, constans, sempiterna;* einige Zeilen später sagt er: „umschließen wird"

omnes gentes et omni tempore [*una lex*] *et sempiterna et immutabilis*

[*unus*] *-que erit communis quasi magister et imperator omnium* [*deus.*]

cum est . . . perfecta: Die den Menschen gegebene Anlage zur Vernunft muss durch Belehrung und Bemühung zur Entfaltung gebracht werden.

19 **nomine . . . appellatam**: Die Heranziehung von Etymologien als Argument begegnet u. a. häufig bei den Stoikern, nicht selten bei Aristoteles.

suum cuique tribuendo: Von Cicero mehrmals bei Umschreibungen für die Gerechtigkeit benützt (z. B. de fin. 5, 67 und de off. 1, 15). Aristoteles unterscheidet bei der Gerechtigkeit deutlich zwischen der austeilenden (distributiven) und der den entsprechenden Unterschieden Rechnung tragenden (proportionalen) Gerechtigkeit (Nikomachische Ethik B. 5); damit kann *aequum/aequitas* — das Prinzip der Billigkeit als Korrektiv einer starren Gerechtigkeit — verwirklicht werden.

a lege ducendum est iuris exordium: Cicero verwendet die Begriffe *lex* und *ius* gegen unsere Erwartung, weil für ihn *lex* der übergeordnete Begriff (~ *lex naturae*), *ius* der abgeleitete (z. B. *ius civile*) ist, vgl. Dalfen, J., in: IANUS 14 (1993), 7.

in populari ratione omnis nostra versatur oratio: Cicero unterscheidet deutlich zwischen den beiden Diktionen: der philosophischen Sprache (*lex* ~ allgemeine Richtschnur der entfalteten Vernunft; später *summa lex* genannt) und der Alltags- bzw. Juristensprache (*lex* ~ schriftliche Fixierung eines einzelnen Rechtssatzes).

Fr 1. a) Wie werden die unterschiedlichen Bezeichnungen für ‚Gesetz‘ im Griechischen und Lateinischen begründet?
b) Beschreiben Sie auch die Herkunft des Wortes ‚Gesetz‘ im Deutschen!
2. Welche Funktion soll nach Ciceros Vorstellung ein Gesetz erfüllen?

3.5 Civis Romanus sum (Cicero, Verres 2, 5, 162–163; 170)

Der Ankläger Cicero schildert in seiner Rede gegen Verres (70 v.), den ehemaligen Proprätor von Sizilien (73–71), das tragische Schicksal des römischen Bürgers Gavius und das unmenschliche und unerbittliche Durchgreifen des Statthalters. Gavius — aus fingierten Gründen ins Gefängnis geworfen — verriet sich nach seiner Flucht aus den Steinbrüchen in seiner Ahnungslosigkeit selbst der Bevölkerung von Messana, wurde aber sofort dem Verres vorgeführt. Dieser ließ ihn auf dem Marktplatz entkleiden und festbinden.

162 **Messanae**: Nach dem 1. Punischen Krieg (241 v.) genoss die sizilische Stadt (heute Messina) zahlreiche Vergünstigungen; sie wurde autonom verwaltet (*civitas foederata*), war steuerfrei und konnte auch Hafenzölle

erheben, sie besaß das Münzrecht und war frei von der Einflussnahme römischer Beamter, so dass sie auch von Verres begünstigt wurde.
Civis Romanus sum: Wer das römische Bürgerrecht besaß, konnte gegen Kapitalstrafen Berufung an das römische Volk einlegen; ↗ Fr.
pestem: Cicero verwendet den Begriff wörtlich für das Unheil bringende Kreuz und personifizierend für Verres, den Initiator der Kreuzigung.

163 **lex Porcia legesque Semproniae**: Die *lex Porcia* wurde im Jahre 198 oder 195 v. von M. Porcius Cato eingebracht und stellte die Auspeitschung römischer Bürger sogar im Felde unter Strafe. Nach der *lex* (*leges* ist rhetorischer Plural) *Sempronia de provocatione* des Gaius Sempronius Gracchus (vom Jahre 123) durfte allein die Volksversammlung über die Todesstrafe gegen einen römischen Bürger entscheiden.
tribunicia potestas: Von Sulla stark beschränkt, wurde sie im Jahr der Rede (70) von Pompejus und Crassus in ihrer früheren Form bestätigt.

Fr Vergleichen Sie Bedeutung und Wirkung der Aussage *civis Romanus sum* bei Gavius und bei Paulus (Apostelgeschichte 22, 25–29)!

3.6 Pater familias vendat servum senem (Cato, de agricultura 2)

M. Porcius Cato (234–149) hat mit seiner fachwissenschaftlichen Spezialschrift ‚De agricultura' die älteste uns erhaltene Prosaschrift der römischen Literatur geschaffen. Unter dem Gesichtspunkt wirtschaftlicher Rentabilität gibt er Anweisungen über den Umgang mit kranken und alten Sklaven. Im Jahre 195 v. ging Cato mit nur drei bzw. fünf Sklaven nach Spanien; vermutlich hatte er auch auf seinen Gütern nicht viele Sklaven. Ein arbeitsunfähiger Sklave konnte die geregelte Bewirtschaftung stark behindern. Als z. B. dem Regulus im 1. Punischen Krieg von seinem 7 Joch großen Acker ein Sklave (der *vilicus*) und der einzige Tagelöhner unter Mitnahme von Geräten flohen, kam die Familie in ernste Schwierigkeiten. Die Zahl der Sklaven in der Latifundienwirtschaft und für den persönlichen Bedarf nahm erst im 2. Jh. v. deutlich zu. Catos Lehrbuch dokumentiert „den Übergang von der altrömischen bäuerlichen Wirtschaft zum marktorientierten Latifundienwesen mit Sklavenarbeit": Lauffer (↗ Fr 1 zu BT 8) 24.

1 **larem familiarem**: In jeder Familie stand, meist am Eingang zum Atrium oder hinter der Haustür, ein *lar familiaris*, der den Herd hütete. Bei Betreten des Hauses begrüßte man ihn, man betete zu ihm, gab ihm täglich Speisen vom Tisch und brachte ihm an den Kalenden, Nonen und Iden sowie bei Familienfesten besondere Gaben. So wurde vor allem bei Todesfällen die *familia* durch das Opfer eines Schafbocks von der Befleckung gereinigt. An den Opfern nahmen auch die Sklaven teil, die in religiöser Hinsicht den Freien grundsätzlich gleichgestellt waren.

3.7 Innumerabilia tua sunt in me officia (Cic., fam. 16, 4)

Auf der Heimreise aus seiner Provinz Kilikien schreibt Cicero von der westgriechischen Insel Leukas (Schlusswort: abl. separationis) am 7. November 50 v. seinem ehemaligen Sklaven Tiro, den er ca. 53 v. aufgrund

zahlreicher Verdienste freigelassen und nach Kilikien mitgenommen hatte. Tiro musste wegen einer Magenerkrankung bei Gastfreunden Ciceros in Patras zurückbleiben, von wo aus er eventuell mit Mescinius, Ciceros Quästor in Kilikien (§ 3), die Rückreise nach Rom fortsetzen konnte, doch bleibt Tiro bis ca. 47 v. in Griechenland. Der Brief verdeutlicht die engen menschlichen Beziehungen zwischen einem Herrn und seinem ehemaligen Sklaven. An Tiros Krankheit nimmt Ciceros ganze Familie teil, auch Ciceros Sohn, der von Tiro oft gegenüber dem strengen Vater in Schutz genommen wurde, selbst Lepta, Ciceros *praefectus fabrum* in Kilikien. Ähnlich teilnahmsvoll war Cicero beim Tod seines Vorlesers Sositheus (Ende 62). Vgl. mit weiteren Beispielen Kroll, Kultur 237.
(Vgl. Burkert, H. D.: Tiro — ein Lebensbild . . .: DASIU 1995/4, 13 ff.)

Seneca BT 8–9

Von dem Redner, Staatsmann und Philosophen Seneca (ca. 4 v.–65 n.) erfahren wir vor allem durch Tacitus (↗ Text 5.2–5.4). Aus seinem reichen, von der stoischen Lehre geprägten Werk erscheinen im Folgenden Beispiele aus zwei Schriften, u. zw. aus:
— ‚Epistulae morales', die 62–65 in 20 B. entstanden
— ‚De beneficiis' in 7 B., die etwa 58 (Grimal) verfasst wurden.

3.8 Servi colant potius dominum quam timeant (Sen., ep. 47)

Seneca tritt für ein freundschaftliches Verhältnis von Herr und Sklave ein; er fordert keine Abschaffung der Sklaverei, sondern eine Humanisierung, also nicht äußere Aufhebung, sondern innere Wandlung.

1 **conservi**: Der Gorgias-Schüler Alkídamas (5./4. Jh. v.) äußerte in einer Rede zur Freilassung von Gefangenen: „Gott hat alle als Freie entlassen (d. h. in die Welt gesetzt), die Natur hat keinen zum Sklaven gemacht." Dieser Ansatz einer geburtsmäßigen Gleichheit aller Menschen fand in der griech. Philosophie wenig Anklang, man nahm die Sklaverei als (vor allem wirtschaftlich nützliche) Einrichtung hin. **Platon** (s. u.) betonte einerseits den Unterschied von Freien und Sklaven, sagte aber andererseits, jeder König stamme von Sklaven und umgekehrt (zitiert von Sen., epist. 44, 4), ja **Aristoteles** sprach von Menschen, die von Natur aus nur zum Gehorchen und Ausführen von Befehlen geeignet seien; danach sei der Sklave ein *órganon ém-psychon* („beseeltes Werkzeug"). Aristoteles gab damit allerdings keine naturrechtliche Begründung oder gar Rechtfertigung der Sklaverei schlechthin, sondern blickte auf die natürliche, d. h. individuelle Veranlagung mancher Menschen, die — unabhängig von ihrer gesellschaftlichen Stellung — nur zur Ausführung befohlener Arbeiten fähig seien, und betonte die Freilassung der Sklaven bei brauchbarer Arbeit (Lauffer [↗ Fr 1] 8 f.).
Die **Stoa** betonte dann die grundsätzliche Gleichheit aller Menschen (§ 10), deren besonderes Kennzeichen die Vernunft sei. Hier wurden zwar die engen Grenzen der Kleinstaaterei überwunden und ein Kosmopolitismus angestrebt, eine ausdrückliche Gleichstellung der Sklaven mit den Freien wurde damit nicht gefordert (↗ zu BT 9: 20, 1) Daneben gab es eine andere

Betrachtungsweise, die — vom Unterschied Körper/Geist ausgehend — dem Geist die Führung zuschreibt und dem Körper eine dienende Rolle. Danach kann ein Sklave äußerlich (rechtlich) unfrei, innerlich (sittlich — ethisch) frei sein. Diesen Ansatz übernahm **Seneca.** Die *servi* sind innerhalb der *familia* mit dem Herrn eine Einheit, d. h. *contubernales* und *amici*, wir alle sind gegenüber den äußeren Mächten, etwa *fortuna*, gleich schwach, also *conservi,* bzw. gegenüber den inneren Leidenschaften oft abhängig, also gemeinsam Sklaven der Begierden.
Zur Haltung des NT gegenüber der Sklaverei ↗ Fr 3.

2 **cum servo suo cenare**: Bereits Cato soll mit seinen Sklaven gegessen haben (Plutarch, Cato d. Ä. 3,2). Es war üblich, dass bevorzugte Sklaven nicht liegend, sondern auf Sitzbänken am Tisch des Herrn speisten.

4 **pro domino porrigere cervicem** . . .: Beispiele bietet Kroll 209, etwa von einem Sklaven, der zur Errettung seines Herrn mit diesem die Toga tauschte bzw. sich in die Sänfte setzte und seinen Herrn die Sänfte tragen ließ. Vor allem in der Schrift ‚De beneficiis‘ betont Seneca, dass Sklaven gegenüber ihren Herren auch Wohltaten erweisen können (BT 9).

5 **proverbium** . . .: Das Sprichwort wird von latein. Autoren z. T. als unrichtig angesehen; die Aussage, dass Freundschaft zwischen Sklave und Herr unmöglich sei, steht schon bei Platon (Gesetze 757 a).

10 **ex isdem seminibus ortum**: Nicht biologisch gemeint, sondern übertragen im Sinn der Stoa: Alle Menschen haben Anteil an *lógos/ratio*. Daher bilden sie als Brüder eine weltweite Gemeinschaft (↗ zu § 1).
Mariana clade: Dies meint mit Bezug auf Marius selbst dessen abenteuerliche Flucht nach Afrika (88), als Sulla Rom eroberte — mit Bezug auf Marius’ Anhänger etwa auch deren Proskription (82).

11 **Sic cum inferiore vivas** . . .: Vgl. Matthäus 7, 12: „Behandelt die Menschen so, wie ihr selbst von ihnen behandelt werden wollt.“

12 **Hecuba**: Zuerst Frau des Königs Priamos, dann Sklavin des Odysseus.
Croesus: Sagenhaft reicher Lyderkönig, vom Perserkönig Kyros 546 besiegt; das Sklavenlos blieb ihm freilich — nach Herodot — erspart.
Darei mater: Sisygambis, Mutter des letzten Perserkönigs Darius III., fiel in der Schlacht bei Issos (333) Alexander d. Gr. in die Hände; von diesem geachtet, tötete sie sich bei Alexanders Tod.
Platon: Auf der Rückkehr von seiner 1. sizilischen Reise 389 brachte ihn das Schiff nach Aigina, das eben mit Athen im Krieg lag. Die drohende (!) Gefangenschaft verhinderte ein Bekannter durch Zahlung des Lösegeldes, doch unterliegt die Geschichte manchen Zweifeln.
Diogenes: Aus Sinope, der bekannte Kyniker des 4. Jh. v.; auf einer Reise von Seeräubern gefangen, soll er auf dem Sklavenmarkt von Kreta an einen reichen Korinthier verkauft worden sein, der ihn zum Erzieher seiner beiden Söhne machte, die ihn geliebt haben sollen. Ein „Abstieg“ von einer hohen Stellung in die Sklaverei ist hier nicht zu fassen. Diogenes war aber für die Stoa eine häufig erwähnte Symbolfigur der Bedürfnislosigkeit.

13 **alienorum servorum osculantes manum**: Gewesene Sklaven, die besonders unter Claudius als kaiserliche Freigelassene große Bedeutung und immensen Reichtum erlangten; durch unterwürfige Haltung ihnen gegenüber suchte man den Zutritt beim Kaiser selbst zu erlangen.

14 **diem festum**: Die Saturnalien, 3- bis 7-tägiges Fest des Saturn, sollten vor allem an das goldene Zeitalter erinnern. Sie waren am Ende der Feldarbeit (17. Dez.) eine Art Erntedankfest, an dem der Unterschied zwischen Sklaven und Herren aufgehoben bzw. umgekehrt wurde.

17 **pantomimorum**: Pantomimische Tänzer sind seit Augustus sehr beliebt und beherrschen in der Kaiserzeit zeitweise die Bühne. Vor allem Freigelassene übten diese Tanzform, die als Mode ihre Fans (*mancipia*) hatte.

18 **me vocare ad pilleum**: Seneca begegnet dem möglichen Vorwurf, ein Sozialrevolutionär zu sein. Der Wegfall der Furcht kann zu mehr Liebe und Gewinn führen. Statt Rangverlust kann die neue Form des Zusammenlebens dem *dominus* eine götterähnliche Stellung bringen.

19 **verba ... verbera**: Beliebtes Wortspiel, von Cicero Tusc. 3, 64 auch bei der Erziehung von Kindern gebraucht.

21 **non est enim tibi exhortatione opus**: Seneca meidet meist aufdringliche Mahnungen; im übrigen ergibt sich durch die Rückkehr zu § 1 eine Rahmenkomposition.

Fr 1. Kurzreferat über den Aufsatz von Richter, W.: Seneca und die Sklaven. In: Gymnasium 1958 (65), 196–218 bzw. über den Vortrag von Lauffer, S.: Die wirtschaftliche und soziale Bedeutung der antiken Sklaverei. In: Dialog X (1977), 5–35.

2. a) Zeigen Sie, dass Seneca in der Frage der Sklavenbehandlung eine eindringliche, aber keine streng argumentative Darstellung anstrebt!
b) Belegen Sie diesen Ansatz durch stilistische Beobachtungen!

3. Welche Positionen zur Sklaverei nimmt Paulus in seinen Briefen an die Epheser 6, 5–9 und an Philemon 8 ff. ein? (Kurzreferat)

4. a) Wo unterliegen Sie persönlich einer freiwilligen Versklavung?
b) Welche Anregungen können Sie für Ihren persönlichen Umgang mit anderen Menschen aus der Lektüre dieses Briefes gewinnen?

3.9 Servitusne in totum hominem descendit? (Sen., ben. 3, 19–21)

20,1 **Pars melior eius** (*servi*) **excepta est** (*servitute*): „Der bessere Teil" des Menschen — auch des Sklaven — ist nach Meinung der Stoiker seine *ratio/ mens*, die er mit den Göttern gemeinsam hat. Diese *ratio* unterliegt nicht den Zwängen der Gesellschafts- und Rechtsordnung; *sui iuris* steht also im übertragenen Sinn, anders als bei Gaius BT 3 § 48.
Da für die Stoiker die *virtus* der einzige Wert, das Laster das einzige Übel ist, zählt die Sklaverei wie auch die anderen Schicksalsschläge (Krankheit, Schmerz, Haft usw.) zu den sog. „Mitteldingen", die letztlich — vom sittlichen Wert her gesehen — unerheblich sind und die *vita beata* nicht verhindern. Im Fall der Wahlmöglichkeiten wird der Stoiker natürlich

Gesundheit, Schmerzlosigkeit, Freiheit usw. vorziehen, sein eigentliches Streben gilt aber nur der *virtus.* Wegen dieser grundsätzlich ethischen Sichtweise entfällt für den Stoiker auch die Notwendigkeit, die Sklaverei abzuschaffen. Dennoch setzt sich Seneca entschieden für ihre Humanisierung ein und praktiziert sie.

hoc carcere, cui inclusa est: Dass der Leib ein Kerker bzw. ein „Grabmal der Seele" ist, ist ein alter Gedanke der Pythagoreer, den etwa auch Platon und Cicero (z. B. de re publica 6, 15) mehrfach äußern.

21,2 **ut cibaria, ut vestiarium**: Dadurch, dass bei Griechen und Römern für Kleidung, Nahrung und Unterkunft der Haussklaven gesorgt war, war die Lage vieler Sklaven vielfach besser als die der freien Tagelöhner und wurde ihr entsprechend vorgezogen. Ohne diese sozialen Bindungen des Herrn wäre es unverständlich, dass bei Griechen und Römern die Sklaverei lange ertragen wurde. Die Lage von Bergwerkssklaven oder von entlaufenen Sklaven war natürlich ungleich schlechter.

Fr 1. Sammeln Sie Belege im Text, an denen die innere Freiheit (*mens, animus*) dem äußerlichen Sklavenlos (*corpus*) gegenübergestellt wird!
2. Welche *beneficia* schätzt Seneca ganz besonders hoch?

3.10 Servis res publica quaedam domus est (Plinius, epistula 8, 16)

Die Kunstbriefe des C. Plinius Caecilius Secundus (ca. 62–ca. 113) sind zwar für eine Herausgabe besonders stilisiert, geben aber einen guten Überblick über Alltagsleben und Tagesereignisse im damaligen Rom. In etwas selbstgefälliger Weise teilt Plinius — wohl auch unter dem Einfluss anderer Autoren — seine persönliche Einstellung im Umgang mit Sklaven mit.

1 **manumittendi**: Die *manu-missio* wurde Sklaven zuteil, die sich besondere Verdienste um ihren Herrn erworben hatten. Allerdings konnten sich Sklaven auch selbst freikaufen; ↗ auch zu Tac., ann. 15, 54, 2.

3 **damnum**: D. h. materielle Einbuße, (allgemein:) Schaden. Die Assoziation an die *lex Aquilia de damno* bietet sich an. Im Übrigen kritisiert hier *damnum* nicht das „materielle Denken", sondern steht im Gegensatz zu *malum*, dem sittlichen und damit einzigen wahren Übel. Die *magni homines et sapientes* sind etwa die rigorosen Stoiker, die alles von dem Gegensatz *virtus* (bzw. *bonum/honestum*) und *malum* her sehen und menschliche Regungen ablehnen, die ihre *tranquillitas animi* stören.

5 **dolendi voluptas** (Stilfigur?) . . . **defleas**: Das Weinen galt nicht als unmännlich; die etwas gesuchte Formulierung stellt Plinius als einfühlsam dar, doch kann dieser durchaus ein Herz für Sklaven gehabt haben.

Fr 1. In welchen Punkten trifft die folgende moderne Definition auf das *humanitas*-Verständnis bei Cicero, Seneca und Plinius zu?
„Humanität (lat. *humanitas* ‚Menschlichkeit'), voll entfaltete edle Menschlichkeit, die in der Ausbildung des Geistes und seiner Herrschaft über die eigenen Leidenschaften gründet und sich insbes. in Teilnahme und Hilfsbe-

reitschaft für den Mitmenschen, in Verständnis und Duldsamkeit für seine Lebensform äußert." (Brockhaus Enzyklopädie, Wiesbaden 1969)

2. Wo betont Plinius die eigene soziale Einstellung mehr als Seneca?

3. Vergleichen Sie Seneca, epist. 47, 14 und Plinius, epist. 8, 16, 2! (Inwiefern stellen sie das gleiche Thema unterschiedlich dar?)

(Zur Vertiefung:) **Zum Problem der Sklaverei in der Neuzeit:**

1. Welche der im Folgenden angeprangerten Formen moderner Sklaverei zeigen Ähnlichkeiten zur antiken Sklaverei?

„*Contemporary slavery*:

The Society still exists because people are still enslaved, and indigenous[1] people dispossessed[2]. The United Nations, in the 1956 Supplementary Convention on the Abolition of Slavery, the Slave trade, and Institutions and Practices similar to Slavery, identified and outlawed[3] five forms of contemporary slavery. The Society concentrates its efforts on the crueliest and the most common. These are:

Chattel Slavery[4] (the total ownership of one person by another) which still occurs in parts of northern Africa;

Debt bondage[5] or bonded[6] labour (the pledging[7] of labour for an unspecified time to pay off a debt), which is entrenched[8] in south and south-east Asia, parts of South America, and also occurs in Western countries;

Child Labour (the exploitation[9] of children under 18 or of their labour) by adults throughout the world."

(Quelle: The Anti-Slavery Society for Protection of Human Rights / London 1993)

2. Diskutieren Sie aktuelle Presseberichte, die in krassem Widerspruch zum Artikel 4 der Menschenrechtserklärung von 1948 stehen!

Universal Declaration of Human Rights 1948

Article 4: No one shall be held in slavery or servitude; slavery and the slave trade shall be prohibited in all their forms.

4. Tacitus, De vita Iulii Agricolae

(↗ E 13. 2; ↗ 6. 2. 2. 3/4)

Die Auswahl umfasst mit 20 Kapiteln knapp die Hälfte des Werkes; Hinweise zu den ausgelassenen Teilen finden sich nach Kap. 5, 9 und 22. Kap. 1–3, 30–32, 39–46 eignen sich für eine statarische Lektüre.

---

[1] **indigenous** (↗ *indigena*): adj. eingeboren [2] **dispossessed** besitzlos [3] **to outlaw** für ungesetzlich erklären [4] **the chattel slavery** die Leibeigenschaft [5] **the bondage** die Knechtschaft [6] **bonded**: adj. Fron- [7] **the pledging** Verpflichtung [8] **to be entrenched** verwurzelt sein [9] **the exploitation** die Ausbeutung

4.1 **Einleitung** (1–3)

1 **Geschichtsschreibung und biographische Literatur in alter Zeit**

1 **Clarorum virorum** (*facta moresque*): Die Schrift über den *homo novus* Agricola erinnert vermutlich schon durch die Anfangsworte an den *homo novus* Cato d. Ä., dessen Geschichtswerk ‚Origines' (↗ E 3. 2) wohl mit *Clarorum virorum* (*laudes atque virtutes*) begann. Neben dem biographischen Ansatz (*clarorum virorum*) entspricht der Anfang aber auch dem historischen Anliegen, der *memoria rerum gestarum* (Sallust, Cat. 4, 2/ Jug. 4, 1 und Livius, praefatio 3) zu dienen.
vicit ac supergressa est vitium: Synonymenhäufungen begegnen im Agricola und im Dialogus öfter, in den großen Werken selten. Alliterationen verwendet Tac. bewusst in allen seinen Werken (z. B. ann. 1, 1, 2) und häufiger als seine Zeitgenossen.
(*ignorantiam*) **recti**: Substantivierungen von Adjektiven (auch im Sing.) begegnen oft bei Tac.; *rectum* (t. t. „sittlicher Wert") ~ *virtus*.

2 **ad prodendam virtutis memoriam sine gratia aut ambitione**: „Ein unverdientes Lob" (Gudeman) für die (übrigens nicht genau bestimmbare) Vergangenheit zur Heraushebung der Antithese; die *laudationes funebres* haben Cicero und Liv. als Anlass für Geschichtsfälschungen kritisiert.

3 **Rutilio**: P. Rutilius Rufus, im Kampf gegen Jugurtha und die Germanen (cos. 105: × Arausio) sehr umsichtig, zog sich durch seine gerechte Provinzverwaltung eine Anklage der Steuerpächter zu, gegen die er als Schüler des Stoikers Panaitios auf eine wirkungsvolle Verteidigung verzichtete; 92 ging er in die angeblich „ausgepresste" Provinz Kleinasien nach Smyrna ins Exil. Dort besuchte ihn Cicero, der von ihm den Stoff zu ‚De re publica' erzählt bekommen haben will (↗ E 7. 3).
Scauro: M. Aemilius Scaurus, Feind des Rutilius; ↗ E 7. 1 und Fr 1.
nec . . . citra (nkl.; nicht in ann./hist.) **fidem aut obtrectationi**: Die Inkonzinnität begegnet bei Liv. vereinzelt, bei Sallust häufiger, in Tac.' Werken wird sie allmählich zum Stilprinzip (↗ E 13. 8).

4 (*opus*) **fuit**: Wie im Briefstil im Sinn eines deutschen Präsens.
non petissem incusaturus („wenn ich anklagen wollte/hätte wollen"): D. h. Anklagen und Verdächtigungen entsprechen dem Zeitgeist bzw. waren unter Domitian und nach ihm gängig; *incusaturus* ist das Gegenstück zu *narraturo*: (preisend) erzählen (↗ E 13. 2).
infesta virtutibus tempora: Gilt wieder mehr für Domitians Zeit; Tac. aber schreibt gerade, *ne virtutes sileantur* (ann. 3, 65).

Fr 1. Welches Charakterbild über Scaurus zeichnet Sallust, Jugurtha 15, 4 (*nobilis, im-piger* [unternehmend], *facti-osus, avidus potentiae honoris divitiarum, ceterum vitia sua callide occultans*)?
2. Verfolgen Sie ab jetzt, wo/wie Tac. das Wort *virtus* / gleichwertige Begriffe verwendet! (vgl. hist. 1, 2, 3 *ob virtutes certissimum exitium*)

2 Geistige Unfreiheit in der Zeit von Nero und Domitian

1 *L. Iunius* **Arulenus Rusticus:** Führendes Mitglied der stoischen Senatsopposition unter Domitian. Durch diesen 92 zum Konsul gemacht, reizte er den Prinzeps durch seine Lobschrift auf Thrasea und Helvidius (Sueton, Dom. 10, 3) und wurde 93 zum Tode verurteilt. Damals wurden alle (s. u.) Philosophen aus Rom und Italien vertrieben.

P. Clodius **Paetus Thrasea**: 56 cos.; Führer der stoischen Senatsopposition unter Nero, von diesem 66 zum Selbstmord getrieben, was Tac. im letzten erhaltenen Abschnitt der Annalen (16, 21–35) erzählt — dort übrigens mit der richtigen Reihenfolge der Namen: *Thrasea Paetus.* Thrasea hatte eine Vita über Cato Uticensis geschrieben und seinen Anhänger Arulenus Rusticus abgehalten, als Volkstribun sein Veto gegen das Verfahren einzulegen und sich so in Gefahr zu bringen.

Herennius Senecio: Aus Süd-Spanien; enger Freund des Jüngeren Plinius. Von Domitian wurde er 93 wegen seiner Lobschrift ‚De vita Helvidii' (Plin., ep. 7, 19, 5) hingerichtet. Ein Exemplar rettete Helvidius' Frau Fannia (Plinius § 6: *tulit in exilium exilii causam ~ libros*).

C. **Helvidius Priscus** (Reihenfolge!): *gener Thraseae Paeti*; 66 verbannt und 68 zurückgekehrt, wurde er von Vespasian ca. 73 getötet, weil er Thraseas Ehrenrettung zu unnachgiebig betrieben hatte (↗ Fr 1).

triumviris: Die Bücherverbrennung oblag sonst den Ädilen; die *triumviri* (*capitales*) vollzogen i. Allg. die Todesstrafe, u. zw. auf dem Comitium — zwischen *rostra* und Kapitol (zur Lage vgl. AU 1/93, 32 mit Karte). Es war die letzte bekannte Bücherverbrennung der Römer (die erste war 181 v.); als Tiberius dasselbe praktizierte, hatte Tac. dafür nur Hohn übrig (ann. 4, 35–Ende).

2 **libertatem senatūs**: Den gelegentlichen Freimut von Senatoren rühmt Tac. um so mehr, als öfter Anlass ist, ihre *adulatio* zu tadeln.

expulsis . . . sapientiae professoribus: Sowohl unter dem sonst duldsameren Vespasian 73 als auch 93 unter Domitian (s. o.). Zum angehängten abl. abs. ↗ zu ann. 1, 2, 1 *nullo adversante.*

omni bona arte: D. h. jedes edle Streben der Künste und Wissenschaften; außer der Vertreibung von Philosophen (vor allem der Stoiker und Kyniker, die als Hauslehrer in den höchsten Kreisen wirkten) und der Verfolgung der Christen unter Domitian (93) ist nichts bekannt.

3 **Dedimus profecto grande patientiae documentum**: Die Spitzenstellung des Verbs (bei Tac. sehr beliebt) zeigt seine persönliche Betroffenheit, wohl auch wegen seines Aufstiegs unter Domitian (↗ E 13. 1).

libertate . . . servitute: Für Tac. ist *libertas* oft gleich mit republikanischer Freiheit und Senatsherrschaft, Prinzipat mit sklavischer Schmeichelei (↗ ann. 1, 7, 1).

inquisitiones: D. h. unter Domitian und auch Tiberius die Denunzianten: *delatores, genus hominum publico exitio repertum* (ann. 4, 30).

Fr 1. Interpretieren Sie Helvidius' Charakteristik (hist. 4, 5, 2): *Quaestor-ius* (im Rang eines Q.) *adhuc a Paeto Thrasea gener delectus e moribus soceri*

nihil aeque ac libertatem hausit, civis senator, maritus gener amicus, cunctis vitae officiis aequa-bilis (sich gleichbleibend in), *opum contemp-tor, recti per-vic-ax* (+ Gen.: starr festhaltend an), *constans adversus metūs.*
2. *monumenta clarissimorum ingeniorum ... urerentur* (§ 1); Tac. selbst urteilt darüber *punitis ingeniis gliscit* (W) *auctoritas* (ann. 4, 35).
Nennen Sie aus der späteren Geschichte Beispiele für Bücherverbrennungen mit ähnlicher Wirkung!
3. *memoriam quoque ipsam ... perdidissemus* (§ 3): Inwiefern sind autoritäre Staaten des 20. Jh. hierin noch weiter gegangen?

3 Der Neubeginn des Jahres 96 — literarische Pläne des Tacitus

1 **principatum ac libertatem**: ↗ 2, 3 *libertate — servitute* und die Herrschaftsübernahme von Augustus und Tiberius: ann. 1, 1–10. Bei Nervas Thronbesteigung (96) wurden Münzen mit der Aufschrift *Libertas restituta/publica* und *Securitas Publica* geprägt.
Nerva Traianus: Trajan wird im Herbst 97 von dem „Senatskaiser" Nerva (96–98) adoptiert. Das Fehlen von Nervas Kultnamen *Divus,* der vielleicht erst 99 bei Trajans Rückkehr von Germanien beschlossen wurde, könnte ein Anhaltspunkt für die Datierung der Schrift sein.
infirmitatis ... corpora ... ingenia: Die Vergleiche Medizin/Staat und Leib/Seele sind mindestens seit Platon literarisches Allgemeingut.
2 **per quindecim annos**: Domitians Regierungszeit (81–96), die längste seit Tiberius. Weder Tac. noch Agricola waren so lange zu politischer Untätigkeit verurteilt; schlimm waren vor allem die Jahre 93–96.
fortuítis casibus: D. h. nicht auf Veranlassung des Prinzeps.
iuvenes ad senectutem: Da die Römer mit ca. 47 Jahren bei den Soldaten zu den *seniores* gerechnet wurden und *senes* heißen konnten.
3 **incondita ac rudi voce**: Der übliche Bescheidenheitstopos. Tatsächlich trat Tac. unter Domitian erfolgreich als Redner mehrfach auf. Der Schlussgedanke von Kap. 2 begründet Tac.' doppelte Entschuldigung sowohl hinsichtlich des Inhalts und der Leserschaft (Kap. 1–Ende) als auch in Bezug auf die Form und den Autor (Kap. 3–Ende).
memoriam prioris servitutis ... composuisse (~ *cum composuero*): Anspielung auf die geplanten Historien, die genau die flavische Epoche (im letzten Teil eine *servitus*) behandelten.
pietatis: Die Schrift zu Ehren des Agricola ist ein Akt der „Pietät". Damit ist Tac. berechtigt, seinen „Helden" zu verherrlichen.

Fr 1. a) Inwiefern spiegelt der Satz *haud facile libertas et domini miscentur* (hist. 4, 64,2) taciteisches Denken? b) Vergleichen Sie damit Trajans Adoption: *quā tandem non servitus nostra, sed libertas et salus et securitas fund-abatur* (begründen; Plinius, Panegyricus 8, 1)!
2. Inwiefern wird § 3 *testimonium praesentium bonorum* durch hist. 1, 1, 4 präzisiert: *Quod si vita suppeditet* (ich am Leben bleibe), *principatum divi Nervae et imperium Traiani, uberiorem securioremque materiam,*

senectuti seposui (W), *rarā temporum felic-itate* (W), *ubi sentire, quae velis, et quae sentias, dicere licet.* (↗ E 13. 6; ↗ Kierdorf [6.2.3])
(Als Vertiefung/Facharbeit: Vergleich der Proömien in Tac.' Agr. — Ann. — Hist.)

4.2 Ausbildung und erste Aufgaben des Agricola (4–5; 9)

4 Agricolas Kindheit und Ausbildung

1 **Gnaeus Iulius Agricola**: Die einzige sichere Verwendung der drei Namen bei Tac., der damit den Beginn der Vita unterstreicht.
vetere et inlustri Foroiuliensium colonia: Fréjus, Hafenstadt in *Gallia Narbonensis*, von Cäsar 46 kolonisiert (auch *Forum Iulii/Iulium* genannt) und von Augustus zur Flottenstation ausgebaut. Das genaue Geburtsdatum des Agricola ergibt sich aus 44, 1.
procuratorem Caesarum (d. h. des Augustus und des Tiberius): Die Prokuratoren waren die Leiter der kaiserlichen Finanzverwaltung; da sie dem Kaiser direkt unterstellt waren, kam es oft zu Spannungen mit dem Statthalter (*legatus*). Seit Augustus wurden dafür Ritter oder Freigelassene herangezogen, die dadurch zu *equites* wurden. Der Relativsatz betont, dass die Großväter schon ursprüngliche *equites* waren.
senatorii ordinis: Tac. hängt den gen./abl. qual. öfter unmittelbar an Namen an, im Deutschen braucht man einen Übergang: „ein Mann"; ↗ § 2.
studio eloquentiae: Er verfasste auch eine Schrift über Weinbau.
M. *Iunius* **Silanus**: cos. 19 n.; berühmter Redner. Vater der Iunia Claudilla, die Caligula 33 heiratete, und des gleichnamigen Opfers der Agrippina (↗ zu ann. 13, 1, 1; Stammbaum 1). Er wird von Caligula als möglicher Rivale 38 zum Selbstmord gezwungen (Sueton, Cal. 23, 3). Ca. 40/41 wird **Graecinus** in den Tod getrieben (↗ Fr 1).

2 **sinu indulgentiaque**: Tac. verbindet oft Concretum und Abstractum; ↗ § 3 *sedem ac magistram.* Vielleicht spielt der Ausdruck auf die damals verbreitete und nach Tac. schädliche Ammen-Erziehung an; im Unterschied dazu wurde Agricola wie in der „guten alten" Römerzeit aufgezogen.

3 **studiorum**: Vor allem Rhetorik und Philosophie (§ 4).
Massilia (heute Marseille): Griech. Kolonie seit ca. 600 v., unter röm. Einfluss seit 121 v. (*Gallia Narbonensis*, heute Narbonne). Schon z. Zt. Ciceros ein beliebter Studienort, in der früheren Kaiserzeit selbst Athen vorgezogen; später verbreitete sich auch hier der Luxus.
provinci-ali parsimonia: Die größere Sittenstrenge der Provinzen gegenüber der Lasterhaftigkeit Roms hebt Tac., der wohl selbst aus der Provinz — vielleicht aus der Narbonensis — stammte, öfters hervor.

4 **studium philosophiae . . . ultra quam concessum Romano . . .**: Cato d. Ä. hatte die Philosophie als unnötig und gefährlich abgelehnt; noch Cicero muss sich rechtfertigen, und Seneca übt gegenüber der griech. Philosophie nach außen deutliche Zurückhaltung.

5 **modum**: Zwölfmal erwähnt Tac. bei Agricola diese Kardinaltugend, die man seit dem Hellenismus bei guten Machtträgern erwartet.

Fr 1. Über den Tod des Graecinus (§ 1) sagt Seneca, de beneficiis 2, 21, 5: *quem Gaius Caesar occīdit ob hoc unum, quod melior vir erat, quam esse quemquam tyranno expediret.* Inwiefern passt dies zu Kap. 1?
2. Verfolgen Sie das Motiv des Ruhmes in der Vita!
(Zur Vertiefung: Römische Erziehung, speziell Tacitus, Dialogus 28 f.)

5 Agricolas erster Kriegsdienst in Britannien

1 **Prima castrorum rudimenta**: Gemeint ist das Militärtribunat (§ 2). Bei jeder Legion gab es sechs *tribuni militum*/Stabsoffiziere, einen aus senatorischem Stand (*tribunus lati-clavius* — wie Agricola), fünf aus ritterlichem Stand. Ihre Dienstzeit begann meist in etwas vorgerücktem Alter und dauerte mindestens ein Jahr, oft mehrere Jahre. Das Militärtribunat war die Voraussetzung für die Quästur, für die in der Kaiserzeit das Mindestalter auf 25 Jahre festgelegt war (↗ E 13. 1).
C. **Suetonius Paulinus**: Einer der namhaftesten Feldherrn seiner Zeit: 41–43 in Mauretanien, 58 (59?)–61 in Britannien, aber von Nero abberufen; 69 im Bürgerkrieg hatte er noch ein Kommando (hist. B. 1/2).

3 **Trucidati veterani . . . coloniae**: Es handelt sich allein um die Kolonie *Camulodūnum* (wohl Colchester) nördlich der Themse; die Kolonie ging in Abwesenheit des Suetonius verloren (ann. 14, 32).
exercitus: Gemeint sind nur Heeresteile der Neunten Legion unter Q. Petilius Cerialis. Dieser schlug i. J. 70 den Aufstand des Iulius Civilis in Germanien nieder und war 71–74 Statthalter in Britannien.
de victoria: Der glänzende Sieg (61) gegen die Königin Boudicca, bei dem etwa 80 000 Britannier gefallen sein sollen (ann. 14, 37).

4 **artem et usum et stimulos**: Das Polysyndeton ist weit seltener als das zusammenfassende Asyndeton; es betont jedes Glied einzeln.
nec minus . . . ex magna fama quam ex mala: Alliterierende Gegensätze liebt Tac., bei denen er auch Präpositionen wiederholt.

Fr 1. a) Paraphrasieren Sie die kurze Charakteristik des C. Suetonius Paulinus in hist. 2, 25, 2: *cuncta-tor naturā et cui cauta potius consilia cum ratione quam prospera ex casu placerent.*
b) Inwiefern passt diese Charakteristik zu unserer Stelle?
2. Welches „Leitmotiv" der Schrift wird in § 4 erneut aufgenommen?
3. a) Welche Begriffe entsprechen in § 2 *licenter* und *segniter*?
b) Welche Aussagen sind in § 2 ab *Sed* . . . chiastisch gestellt?
c) Welche Denkweise bestimmt § 2?
4. Welche Gedanken will Tac. in § 3 durch die Stilisierung betonen?

Kap. 6–8 erzählen Agricolas familiäres/berufliches Leben etwa der Jahre 62–74: Aus einer harmonischen Ehe erwuchsen ihm ein Sohn und eine Tochter (Tac.' spätere Frau), was damals den Aufstieg beschleunigte.
In seiner Quästur in Kleinasien (63) verleitete ihn weder der Reichtum der Provinz noch das Beispiel des Vorgesetzten zu Übergriffen. Hierauf lebte er in Rom *quiete et otio* — in richtiger Einschätzung der Jahre unter Nero,

quibus inert-ia pro sapientia fuit: als Volkstribun und Prätor (68). Bei der Veranstaltung der Spiele hielt er sich von *luxuria* fern, was seiner *fama* nicht schadete. Unter Galba sorgte er für die Rückgabe der Tempelschätze, die Privatpersonen beim Brand Roms entwendet hatten (Kap. 6).
In den Wirren des Vierkaiserjahres (69) verlor er seine Mutter und einen Großteil ihres Besitzes. Er schloss sich Vespasian an und wurde Kommandeur der schwer zu führenden 20. Legion in Britannien (Kap. 7).
Unter dem neuen Statthalter Petilius Cerialis (↗ zu 5, 3) erhielt er Möglichkeiten, sich auszuzeichnen; durch *virtus in obsequendo* und *verecundia in praedicando* erreichte er *gloria* ohne *invidia* (Kap. 8).

9 **Agricolas Verwaltung von Aquitanien**

1 **inter patricios adscivit**: Die *gentes patriciae* waren zwar politisch bedeutungslos, gesellschaftlich aber noch angesehen — so konnte z. B. nur ein Patrizier Priester werden. Die Ergänzung der Patrizierschicht besorgten Cäsar und Augustus, später Vespasian.

Aquitania: Das Gebiet zwischen der Loire und den Pyrenäen wird erst unter Augustus zur eigenen Provinz — offensichtlich für den Statthalter ein aussichtsreicher Posten, freilich ohne Heer (↗ zu § 6).

2 **secura**: Da es keine Berufung an eine höhere Instanz gibt.

manu (*agens*): Erinnert an die alte juristische Bedeutung „Gewalt" (↗ S. 49).

agebat: Absolut bzw. erg. *res iudiciales.*

3 **conventus ac iudicia**: Auf sog. Provinziallandtagen (*conventus*) wurden z. B. Ehrenbeschlüsse für bewährte Statthalter gefasst sowie Bitt- oder Beschwerdegesandtschaften an den Kaiser angeordnet. Neben den (sonstigen) Verwaltungsaufgaben regelten die *iudicia* die Rechtsfälle.

gravis intentus severus et saepius misericors: Das *et* nach einem Asyndeton betont bei Tac. öfters das (erweiterte) Schlussglied.

[**tristitiam et adrogantiam et avaritiam exuerat**]: Die Einzelbegriffe sind taciteisch, auch die Metapher *exuerat*, doch passt die Aussage inhaltlich nicht. Daher wird der Satz z. T. getilgt oder eine Lücke angenommen, z. T. wird geändert: *avaritiam* ⟨*iam*⟩ *exuerat.*

5 **famam . . ., cui saepe etiam boni indulgent**: Ähnlich hist. 4, 6, 1: *etiam sapientibus* (dat. auct.) *cupído gloriae novissima* (~ *extrema*) *exuitur.*

procuratores: Die „Oberverwalter" der kaiserlichen Einkünfte in den Provinzen standen im Rang unter den Statthaltern (↗ zu 4, 1).

6 **Minus** (*quam*) **triennium**: Aquitanien war seit alters kaiserliche Provinz; der Statthalter = *legatus Augusti pro praetore provinciae* . . . (§ 6 *legatione*) blieb für mehrere — nach Dio Cassius mindestens für drei — Jahre im Amt, im Unterschied zu den senatorischen Provinzen, deren Statthalter (*proconsules*) i. Allg. nach einem Jahr wechselten. Auch in manchen kaiserlichen Provinzen standen keine Legionen.

7 **Consul**: Jan. 77 mit dem 26-jährigen Domitian.

egregiae tum spei: Wohl eher zu *filiam* (beim Bezug auf *consul* wäre *tum* befremdlich). Nach dem Zeugnis der Inschriften heirateten die Mädchen zwischen 12 und 14 Jahren; Tac. war damals ca. 22 Jahre alt.

pontificatus: Die Bedeutung der Priester nahm in der Kaiserzeit ab, obwohl ihre Anzahl stieg (bis auf ca. 17); ihr Ansehen war noch groß. Das Vorschlagsrecht hatte der Kaiser als der *pontifex maximus*. Priester wurden meist nur Konsulare.

Fr 1. a) Untersuchen Sie § 5 stilistisch (ca. 5 verschiedene Punkte)!
b) Welche Aussage will Tac. durch die Stilmittel unterstreichen?
2. a) Welche Möglichkeit gewinnt Tac. dadurch, dass er in § 6/7 das Gerücht über Agricola heranzieht? b) Welche Ausdrücke benützt er dafür?
3. Welches Charakterbild von Agricola gewinnen wir aus Kap. 9?

Kap. 10–17: Exkurs (*Britanniae situm populosque referam*)

10 Geographische Gestalt Britanniens, das damals erstmals umsegelt wurde.
11 Herkunft, Aussehen und Kampfkraft der Bewohner.
12 Parteienzwist, der die Britannier besiegbar macht. Klima (Feuchtigkeit und lange Sommernächte). Fruchtbarkeit und Bodenschätze.
13 Erste Versuche einer röm. Herrschaft in Britannien (Cäsar — Claudius).
14 Statthalter in Britannien: A. Plautius bis Suetonius Paulinus (↗ 5, 1).
15 Aufstand in dessen Abwesenheit bei einer Expedition: Hetzreden.
16 Paulinus unterdrückt den Aufstand, es folgen aber schwache Statthalter.
17 Petilius Cerialis bekämpft die Briganten, Julius Frontinus die Siluren.

4.3 Statthalterschaft Agricolas in Britannien (19–22)

19 Agricolas kluge Verwaltungsmaßnahmen in Britannien

1 **Ceterum**: Knüpft an Agricolas erste Erfolge in Britannien (Unterwerfung der Ordóviker [in Wales] und der Insel *Mona*/Anglesey: Kap. 18) an.
aliena experimenta: ↗ zu 20, 1 *priorum*.
parum profici armis, si iniuriae sequerentur: Agricola folgt hier der 13, 1 formulierten Feststellung, dass die Britannier auferlegte Aufgaben ohne Murren erfüllten, *si iniuriae absint*.

2 **domum**: D. h. das Gefolge und das Dienstpersonal (*milites*).
Nihil per libertos servosque publicae rei: Die Gehilfen der Prokuratoren waren *liberti*, wozu Tac. noch *servi* hinzufügt; *publicae rei* mit absichtlicher Wortfolge, da *rei publicae* inhaltlich festgelegt ist.

4 **aequalitate munerum**: D. h. bei weniger fruchtbaren Gegenden wurden die niedrigeren Getreideabgaben durch andere Leistungen „ausgeglichen" — offensichtlich im Unterschied zu den habgierigen Vorgängern.
emere ultro frumenta ac luere pretio: D. h. in getreidearmen Gebieten hatten die Bewohner wohl alles abliefern müssen, dadurch mussten sie dann Getreide für den Eigenbedarf teuer einkaufen.

5 **divortia itinerum ...**: Von diesen — schon von Verres (↗ Fr 3) geübten — Schikanen konnte man sich durch Bestechung der Beamten loskaufen.
paucis: Den Lieferanten bzw. Aufkäufern der Steuereinkünfte.

Fr 1. Erarbeiten Sie (etwa in Form einer zweispaltigen Tabelle) die Praktiken Agricolas und der Statthalter vor ihm!
2. Wie unterstützen in § 3 Satzbau und Stil die inhaltliche Aussage?
3. Inwiefern ist § 5 mit Cicero, Verres 2, 3, 190 vergleichbar?
Instituerunt (Helfer des Verres) *semper in ultima ac difficillima ad portandum loca frumentum imperare, ut vecturae* (Transport) *difficultate ad quam vellent aestimationem* (~*pretium*) *pervenirent.*

20 Agricolas militärische Maßnahmen in Britannien

1 **egregiam famam paci circumdedit**: Dies war deshalb nötig, weil die Britannier *pacem nostram metuebant* (ann. 12, 33).
vel incuriā vel intolerantiā priorum (*legatorum*): Dieser summarische Tadel trifft nicht die beiden unmittelbaren Vorgänger des Agricola und nicht den Suetonius Paulinus (↗ Kap. 5).
2 **loca castris ipse capere**: Die kluge Auswahl günstiger Lagerplätze ist ein fester Topos bei der Charakteristik tüchtiger Feldherrn.
3 **iram**: Wohl wegen der Behandlung durch frühere Statthalter.
praesidiis: Vor allem im Gebiet von Luguvallium/Carlisle (in Cumberland).
inlacessita transierit: Agricola erreicht einen eher friedlichen Anschluss im Unterschied zum aufreizenden Verfahren der Vorgänger.

Fr 1. An welchen Satz von Kap. 19 knüpft 20, 1 speziell an?
2. Inwieweit erscheint Agricolas Vorgehen dem Tac. als „friedlich"?

21 „Sanfte Unterwerfung" durch die römische Zivilisation

1 **templa**: Wohl rhetorischer Plural; bekannt ist aus jener Zeit nur ein Tempel des Claudius in Camulodúnum.
2 **ingenia Britannorum studiis Gallorum**: Wohl verkürzender Vergleich für *ingenia et studia Britannorum ingeniis et studiis Gallorum.* In der antiken Rhetorik mussten Begabung, Unterweisung und Übung zusammenwirken.
eloquentiam concupiscerent: Vielleicht übertrieben; mindestens sind die rein lateinischen Spuren im englischen Wortschatz gering (mile, street, wine, -wich/*vicus,* -chester/*castra*); bedeutsam dagegen war der indirekte Einfluss über die französisch geprägten Normannen vor allem außerhalb der reinen Alltagssprache. Nachweisbar sind für Agricolas Zeit ein Redelehrer in Eburācum/York und mehrere Städtebauten aus flavischer Zeit.
3 **habitus nostri . . . toga**: Doppelausdruck wie 9, 3 *conventus ac iudicia.*
paulatimque discessum ad delenimenta vitiorum: Agricola knüpft mit Erfolg an das schon früher befolgte Umerziehungs-Programm an: *didicēre iam barbari quoque ignoscere* (nachgeben) *vitiis blandientibus* (16, 4).
porticus: Mittelpunkte gesellschaftlichen Lebens am Rand der *fora.*
humanitas: Bedeutet „Kultur", aber auch (tadelnd) „Zivilisation". Tac. erkennt die Problematik des römischen Vorgehens (*pars servitutis*), nennt aber als Römer Agricolas Maßnahmen *saluberrima* (§ 1).

Fr 1. a) Legen Sie ein Wortfeld zu Agricolas „Erziehungsprogramm“ an!
b) Wie betont Tac. dieses Bemühen in § 1 *Namque* . . . stilistisch?
2. Wie beurteilt Tac., wie beurteilen wir Agricolas Vorgehen?
3. Vergleichen Sie mit Agricolas Maßnahmen die Rede der germanischen Tenkterer an ihre Stammesbrüder bei Köln (hist. 4, 64, 3):
Instituta cultumque patrium re-sumite, ab-ruptis (verwerfen) *voluptatibus, quibus Romani plus adversus subiectos quam armis valent.*

Kapitel **22:** Im dritten Jahr der Statthalterschaft wird das Gebiet bis zum *Taus/Tanaus* (wohl der Tay in Schottland) gewonnen; die Feinde wagen keinen Gegenangriff mehr, auch nicht im Winter.
Die bei diesen Kämpfen erworbenen Verdienste seiner Untergebenen erkennt Agricola an. Im Umgang mit diesen konnte er zwar auch scharf werden, doch blieb von dem gelegentlichen Jähzorn nichts zurück: *honestius putabat offendere quam odisse* (§ 5).
Damit äußert Tac. indirekt Kritik an Domitian, der sich selbst die Verdienste anderer zuschrieb und geheimen Groll gegen seine „Feinde“ ansammelte, bis er zum vernichtenden Schlag ausholte. Freilich scheint dies bei Tac. Eigenheit der „schlechten“ Kaiser insgesamt zu sein: Ähnliches berichtet er ann. 1, 69 über Tiberius und ann. 16, 5 über Nero.

Kap. 23–28: Viertes bis sechstes Amtsjahr des Agricola in Britannien

23 Sicherung der Linie Firth of Forth — Firth of Clyde (81).
24 Erfolgreiche Kämpfe im westlichen Britannien gegenüber Irland; eine Expedition dorthin wird erwogen (82).
25 Kombinierter Land-See-Einsatz bei den Stämmen um den Firth of Forth; Widerstand der Kaledonier in Schottland (83).
26 Nächtlicher Überfall auf die neunte Legion, durch Agricolas Entschlossenheit vereitelt, führt zum römischen Sieg.
27 Die beiderseitige Kampfbegeisterung wächst (Siegesgewissheit der Römer — entschlossener Widerstandsgeist der Britannier).
28 Episode über eine *cohors Usiporum*, die in abenteuerlicher Flucht (*magnum ac memora-bile facinus*) nach Germanien gelangen.

29–38: Schlacht am mons Graupius (84; nördlich des Firth of Forth; die genaue Lage ist unbekannt, die schon von Puteolanus um 1480 erwogene Schreibung *Grampius* — wegen Grampian Mountains — ist nicht belegt).
29 Ankunft der Römer beim Berg, den die Britannier schon besetzt haben; aufgrund ihrer Übermacht (über 30 000 gegenüber ca. 11 000 Römern) und ihrer *concordia* drängen sie zum entscheidenden Kampf.
30–32 Rede des Calgacus (Text 4. 4), 33–34 Rede des Agricola.
35 Aufstellung der Truppen zur Schlacht; Agricola befürchtet eine Umzingelung durch die Übermacht der auch besser postierten Feinde.
36-37 Schilderung der Schlacht; Agricolas taktische Manöver führen zum klaren Sieg der Römer.
38 Folgen der Schlacht; abschließend schickt Agricola im Frühherbst 84 eine Flotte zu einer Umsegelung Britanniens aus.

4.4 Reden vor der Schlacht am mons Graupius (30–34)

a) Die Rede des Anführers Calgacus (30–32)

30 **Calgācus** („Schwertmann") ist für Tac. *virtute et genere praestans* (29, 4); er wird von ihm „mit Objektivität gezeichnet" (Klinz 49).

1 **necessitatem — consensum**: Der Redner nennt zwei Hauptargumente für seine Zuversicht, die er im *nam*-Satz chiastisch aufnimmt.

2 **fortibus . . . ignavis**: Eher rhetorischer Gegensatz, da ein Feldherr vor der Schlacht kaum „Feiglinge" erwähnt. Feldherrnreden — bei Sallust/Livius üblich — waren z. Z. von Tac. oft Themen in den Rhetorenschulen.

3 **nobilissimi**: Die Kaledonier, der edelste und am längsten freie Stamm, sind der kostbarste Teil Britanniens wie die *penetralia* mit dem Kultbild der ehrwürdigste des Tempels. Durch ihre Lage sind sie am weitesten weg von dem korrumpierenden Anblick des geknechteten Galliens.

4 **extremos**: Geographisch in der eigentlichen, sonst in übertragener Bedeutung (*terrarum — libertatis*); darauf sind parallel *recessus* und *sinus famae* (Metaphern) bezogen.

omne ignotum pro magnifico est: Durch die Öffnung der Grenze (*terminus . . . patet*) ist Kaledonien zwar noch „nicht bekannt", aber erreichbar und wegen seiner möglichen Beute für die Römer verlockend.

sed nulla . . . gens: Knüpft an die *necessitas* an.

infestiores Romani (*quam fluctus/saxa*): Während bisher die Britannier im Blickpunkt waren, sind es jetzt die Römer (↗ Fr 2).

5 **Raptores orbis** (↗ Fr 4 zu Kap. 32): Das Machtstreben entspricht nach Tac. einer allgemein menschlichen Naturanlage: *vetus ac iam pridem ín-sita mortalibus potentiae cupído cum imperii magnitudine adolevit erupitque* (hist. 2, 38, 1). Roms Herrschaft müsse man wegen ihrer Überlegenheit dulden: *patienda meliorum imperia* (ann. 13, 56, 1).

Fr 1. Welches Begriffspaar zieht sich durch das Kapitel 30?
2. Welche Eigenschaften schreibt Calgacus den Römern zu?
3. Am Beginn des Bataver-Aufstandes versucht Iulius Civilis, die schwankenden Gallier für seine Pläne zu gewinnen (hist. 4, 17, 2):
Secretis sermonibus admonebat malorum, quae — tot annis per-pessi miseram servitutem — falso pacem vocarent.
Worin besteht der Unterschied zu § 6 . . . *pacem appellant?*

(Zur Vertiefung: Fuchs, H.: Der geistige Widerstand gegen Rom in der antiken Welt. — Berlin 1938, besonders S. 17 und 47.)

31,1 **alibi servituri**: Britannische Kohorten sind bei Kämpfen in Oberitalien (Schlacht bei Betriacum 69 n.) und in Pannonien nachweisbar.

2 **Nata servituti mancipia**: Vielleicht Anspielung auf die Klimatheorie oder die Lehre des Aristoteles, dass die Vernunft (*lógos*) nicht allen Menschen zugänglich sei, so dass der Sklave bei ihm ein *órganon émpsychon*/„beseeltes Werkzeug" ist; danach gibt es „Sklaven von Geburt" (↗ S. 49 und 53).

3 **sicut . . . sic**: Der Vergleich stimmt insofern, als es den neuen Unterworfenen schlechter geht als den früheren (staatlich-politischer Bereich) — eben-

so ist es bei den Sklaven (familiärer Bereich). Ansonsten passen *excidium* und *ludibrium* nicht recht zusammen. Außerdem lässt sich die Lage der Haussklaven mit den Arbeitsbedingungen in Latifundien, Bergwerken oder Hafenanlagen schlecht vergleichen.

5 **Brigantes feminā duce**: Die Briganten hatten eine Anführerin Cartimandua (ann. 12, 36); doch die Angabe *exurere coloniam* (Camulodúnum) weist auf die Icener mit ihrer Königin Boudicca und die Trinobanten (↗ zu 5, 3). Tac., der alles genau erzählt hat (etwa in 16, 1), will u. U. Calgácus als nicht genau informiert hinstellen. Auch das röm. Lager (des Cerialis) wurde dabei nicht erobert (ann. 12, 32–Ende).

paenitentiam: Euphemismus für Unterwerfung, die nach der „Reue" zum Aufstand führt; dieser war bei Boudicca freilich erfolglos.

Fr 1. Wie setzt Tac. ein wichtiges Begriffspaar von Kap. 30 (↗ Fr 2) fort?
2. An welche Gedanken von Kap. 30 knüpfen § 4 *longinquitas* ... und *sublata spe veniae* an?
3. a) Untersuchen Sie § 2 bis *conteruntur* und ab *Britannia* stilistisch!
b) Welcher Gedanke soll betont werden?

32,1 **Germanos**: Speziell die vier Kohorten der Bátaver und die zwei der Tungrer, die Agricola in seinem Heere hat (36, 1).

2 **Metus ac terror** (Synonymenhäufung) ... **vincla caritatis**: Oxymoron; vgl. zu dieser Politik der Abschreckung 20, 2 *ubi satis terruerat.*

4 **Usipi**(*i*): D. h. die Usipeter (so die keltische Namensform), ursprünglich zwischen Rhein- und Mainmündung; eine Kohorte derselben war aus dem röm. Heer geflohen und auf Schiffen ins freie Germanien zurückgekehrt. Die Kenntnis dieses *magnum ac memora-bile facinus* (28, 1 i. J. 83) überrascht bei dem entfernt lebenden Calgacus.

castella ... coloniae: Der Plural ist rhetorische Übertreibung.

municipia: Damals nur *Londinium, Verulamium* und *Camulodunum*, da man im nachaugusteischen Sprachgebrauch *municipium* und *colonia* selten unterscheidet; *municipium* war nur *Verulamium*/St. Albans.

5 **perferre aut ... ulcisci ...**: Statt indir. Fragesatz (ob ... oder), vgl. 29, 3 (vor der Rede): *ultionem* (W) *aut servitium exspectantes.*

Fr 1. Worauf beruht nach Calgacus die römische Herrschaft?
2. Untersuchen Sie § 2 *nullae ... alia est* stilistisch und vergleichen Sie die Stelle mit hist. 5, 17, 2 in Cerialis' Feldherrnrede:
capesserent pugnam, coniugum parentum patriae memores.
3. Inwiefern bildet § 5 einen wohlüberlegten Abschluss der Rede?
4. Ordnen Sie der Calgacus-Rede folgende Abschnitte aus dem Brief des Königs Mithridates (Sallust, Historien) zu, in dem er ca. 68 v. den Partherkönig Arsakes um Hilfe bittet, und vergleichen Sie beide:
§ 5 *Romanis cum nationibus ... una et ea vetus causa bellandi est: cupído profunda imperi(i) et divitiarum.*
§ 17 *An ignoras Romanos ... neque quicquam a principio nisi raptum habere: domum coniuges agros imperium — cón-venas* (zusammengelaufenes Volk) *olim sine patria (et) parentibus?*

§ 20 *Romani arma in omnīs habent, acerruma in eos, quibus victis spolia maxuma sunt; audendo et fallundo et bella ex bellis serundo magni facti.*
§ 22 *(Romani) latrones gentium.*

b) Die Rede des Agricola (33–34)

Auch Agricolas Rede strahlt — bei aller kritischen Einschätzung der Lage — Selbstvertrauen aus und setzt den Gegner herab; auch sie ist rhetorisch kunstvoll gestaltet. Deutlich kürzer als ihr Gegenstück (34 gegenüber 62 Zeilen), hat sie jedoch den günstigeren Platz.
Agricola betont die Tapferkeit und Treue seiner Soldaten, die er — wie einst Cäsar — *commilitones* nennt. Jetzt könnten sie ihren langen Kriegsdienst würdig abschließen und Agricolas Ruhmestat (*inventa Britannia et subacta*: 33, 3) verteidigen. Er erinnert sie an überstandene Strapazen und glänzende Erfolge. Bei der unsicheren Ortskenntnis und den eingeschränkten Versorgungsmöglichkeiten sei ein tapferer Kampf das einzig Sinnvolle, ja selbst der Tod in der Schlacht „am Ende der Welt" sei für sie ruhmreich, überhaupt für einen Römer *honesta mors turpi vitā potior* (33, 6). Außerdem seien die zum Kampf antretenden Feinde der verbleibende und bisher immer nur geflohene Rest. Die römischen Soldaten könnten jetzt den seit Claudius (43 n.) andauernden Kampf glänzend abschließen.

4.5 Agricola und Domitian (39–42)

39 Neid und Verstellung Domitians bei Agricolas Siegesbotschaft

1 **fronte laetus, pectore anxius**: Die glänzende Formulierung überdeckt nicht das Toposhafte bei der Schilderung des heimtückischen Tyrannen; ↗ zu 22, 5 *odisse* sowie 39, 4 *reponere odium.*

2 **nuper falsum e Germania triumphum**: Domitians Feldzug gegen den röm. Hauptfeind in Mitteldeutschland, die Chatten ~ Hessen, i. J. 83 führte zur Eroberung der fruchtbaren Wetterau (nördlich von Frankfurt/M.) und wurde durch sofort begonnene Grenzbefestigungen (*limes*) gesichert und so für das Zweilegionenlager *Mogontiácum*/Mainz das Vorland geschaffen. Der für Tac.' Empfinden zu aufwendige Triumph — während der gleichzeitige Erfolg am *mons Graupius* zu wenig Beachtung fand — wird mit Farben gemalt, die dem angeblichen Vorgehen Caligulas entsprechen (↗ Fr 2). In der etwa gleichzeitig erschienenen Germania sagt Tac. mit unüberhörbarer Kritik an Domitian (37, 6) *proximis temporibus triumphati magis quam victi sunt (Germani).* Domitians Teilerfolg in Germanien war durch Propaganda vor allem der Münzprägung (*Germania capta*) und Ehrungen (Beiname *Germanicus*) überbewertet worden; die Niederschlagung des Aufstandes des Kommandanten von Mainz, L. Antonius Saturninus, der sich mit den Chatten verbündet hatte, wurde vom Kaiser 89 mit erneuten Siegesfeiern wegen des zweiten Germanenkrieges gefeiert (zu Domitians Leistung und ihrer Darstellung vgl. Nesselhauf: 6.2.4).
veram magnamque victoriam . . .: Nach Agr. 37, 6 fielen *hostium ad decem milia, nostrorum trecenti sexaginta*; die Zahlen sollen das umsichtige Vorgehen Agricolas belegen, doch übergeht Tac., dass ca. 20 000 Feinde

entkommen waren. Obwohl das röm. Hauptquartier von Camulodúnum/Colchester nach Eburácum/York vorverlegt wurde, blieb der Sieg auf die Dauer ohne Wirkung: Die schottischen Eroberungen mussten bald aufgegeben werden; die späteren *valla* liegen südlicher. Tac. selbst sagt hist. 1, 2, 1 *perdomita Britannia* (wie Agr. 10, 1) *et statim omissa.*

3 **supra principem attolli**: Die bisher mehrfach erwähnte *virtus*-Feindlichkeit der Zeit wird jetzt zu einem Problem des Prinzeps (↗ Fr 1).
studia fori ... in silentium acta: ↗ zu 2, 1/2. Der Senat wurde bei seiner innenpolitischen Tätigkeit (etwa im Gerichtswesen) behindert. Domitians Regiment war von Anfang an selbstherrlich, doch begannen Schreckensherrschaft und Unterdrückung erst in den 90er Jahren.

Fr 1. Stellen Sie in einem Kurzreferat Domitians Persönlichkeit und Wirken vor (etwa unter Benützung von Grant, Roms Cäsaren 291–308)!
2. Vergleichen Sie mit § 2 Caligulas angebliches Vorgehen (Sueton, Cal. 47): Er ließ die größten Gallier sammeln *coegitque non tantum rutilare* (~ *rubram facere*) *et sum-mittere comam* (~ *capillos*), *sed etiam sermonem Germanicum ad-discere et nomina barbarica ferre.*
3. Welche Züge eines Tyrannen werden im Kap. 39 für Domitian erwähnt?

40 Agricolas Rückkehr nach Rom — sein bescheidenes Auftreten

1 **triumphalia ornamenta** (bzw. *insignia*): Das Recht auf einen Triumph hatte in der Republik nur ein Feldherr mit eigenen Auspizien (Kommando); da später der Kaiser die Auspizien hatte, hatte Augustus ab 14 v. den Triumph nur mehr Mitgliedern seiner Familie gewährt. Besonders ausgezeichnete Feldherrn erhielten die Triumphalabzeichen: goldenen Lorbeerkranz, *toga picta* (purpurn mit goldenen Stickmustern), *tunica palmata* (mit Palmzweigen verziert), *scipio eburneus* (elfenbeinernes Zepter). Agricola erlebte also keine persönliche Kränkung (↗ Fr 1). Umgekehrt ist die Aufstellung der *statua inlustris (laureata, triumphalis)* auf dem Forum eine nicht immer beschlossene Ehrung.
decerni in senatu iubet: Den Triumph erkennt — wie in der Republik — der Senat zu, hier freilich auf Weisung des Prinzeps.
addique insuper opinionem Syriam ... destinari: Nicht als Zusatz in einem offiziellen Senatsprotokoll (*opinionem!*). Syrien zählte als kaiserliche Provinz zu den angesehensten (↗ Überblick 6.6 zum Jahre 27).
Atili Rufi consularis: Sein Aufenthalt in Syrien ist durch einen Meilenstein, sein Name in einem Militärdiplom aus Pannonien bezeugt.

2 **foret**: ↗ zu ann. 1, 1, 2 *gliscente.* Agricolas Abberufung wird nirgends direkt erwähnt, eine solche Notiz aber auch nicht vermisst.
sive verum istud sive ... compositum: Tac. hat eine Vorliebe für Gerüchte, die ein ungünstiges Licht auf die Kaiser werfen; ↗ Fr 2.

3 **brevi osculo**: Der Begrüßungskuss, von römischen Kaisern aus dem Orient übernommen, ist eine Auszeichnung für gute Freunde (↗ Fr 3).
servientium: Statt eines zu erwartenden *salutantium.*

4 **tranquillitatem atque otium**: Euphemismus für „politisch kaltgestellt“.

F-- 1. Wie wirkt die Wendung *multo verborum honore* (§ 1) im Kontext?
r 2. Warum und wie erzählt Tac. das Treffen des *libertus* mit Agricola?
3. Wie zeigt § 3 die Ungnade des Herrschers gegenüber Agricola?
4. Schreiben Sie § 4 so auf, dass Sie mit jeder neuen Wortgruppe eine neue Zeile beginnen! Erfassen Sie in Ihrer Darstellung
a) die Konstruktion (z. B. durch Einrücken und Pfeile) b) die Stilmittel!

41 Häufung außenpolitischer Gefahren — Ruf nach Agricola

1 **laudantes**: Die durch sie auftretende Gefahr ergibt sich aus § 4.

2 **tot exercitus in Moesia Daciaque et Germania et Pannonia ... amissi**: Mitte der 80er Jahre verlagerte sich die Hauptgefahrenzone vom Rhein (wo Domitians Erfolge damals noch nachwirkten: ↗ zu 39, 2) zur mittleren und unteren Donau: Da den seit ca. 70 nach Süden drückenden **Dakern** (Rumänien) in Dekébalus ein kraftvoller König erwuchs, erlitten (wohl) 85 und 86 römische Heere schwere Niederlagen, die man mit der *clades Variana* (ann. 1, 10, 4) vergleicht. Der mit der Prätorianergarde herbeieilende Domitian widmete sich einer umfassenden und erfolgreichen administrativen Tätigkeit: 86 teilte er **Mösien** (Gebiet südlich der Donau von der Sawe-Mündung bis zum Schwarzen Meer), verlegte den Donau-Limes in die Süd-Dobrudscha mit einem Kranz von Kastellen von Tomi/Konstanza am Schwarzen Meer westwärts zur Donau zum Schutz von Untermösien und baute die mösische Donauflotte neu auf. Der bedeutende Sieg von Tapae am Eisernen Tor (88) brachte Entlastung, aber es entstanden neue Schwierigkeiten in **Pannonien** (westlich des Donauknies, Ungarn). Von dort unternahm Domitian eine Strafexpedition gegen die Markomannen und Quaden (**in Germania**), wurde aber von ihnen und den Jazýgen geschlagen (89). 92 fielen die drei genannten Völker in Pannonien ein und rieben eine Legion auf. Erst Trajan kann die Daker in zwei Feldzügen besiegen und 107 die Provinz *Dacia* einrichten.
temeritate aut per ignaviam ducum: Diese harte Kritik gilt nicht für alle Statthalter (zwei Feldherrn fielen auf dem Schlachtfeld), z. T. dagegen etwa für Antonius Saturninus, den Kommandanten von Mainz (↗ zu 39, 2).
militares viri ... expugnati et capti: Erwägenswert ist die Konjektur *vici* (bei Reeb: „durch Feldschanzen geschützte Dörfer"), was zum unmittelbaren Halbsatz (Verben!) und zur Gesamtstelle gut passt.
de limite imperii et ripa: Obwohl bei *ripa* die Donau gemeint ist, ist an den germanischen *limes* zu denken, der allerdings durch den Aufstand des Saturninus nicht ernstlich gefährdet wurde (↗ zu 39, 2).

3 **... expertum bellis animum**: Die genannten Eigenschaften ersetzen nicht die nötige Ortskenntnis, die für Domitians damalige Veränderungen bei Kommandostellen entscheidend war.

4 **in ipsam gloriam** (*praeceps agebatur*): Statt *in periculum; gloria* war eben damals sehr gefährlich; ↗ 1, 4 *infesta virtutibus tempora.*

Fr 1. Wer wird neben Domitian zum Schuldigen an Agricolas Sturz?
2. a) Inwiefern bilden § 1 und 4 den Rahmen des Kapitels? (Beachten Sie die Personen und wichtige Begriffe!)
b) Inwieweit sind der erste und letzte Satz des Kapitels stilistisch besonders ausgefeilt?

42 Agricolas Zurückweisung bei der Verlosung der Provinzen

1 **annus, quo proconsulatum . . . sortiretur**: Alljährlich losten die beiden ältesten Konsulare um die besonders angesehenen senatorischen Provinzen *Africa* und *Asia* (d. h. Nordafrika und Kleinasien).
occiso Civicā nuper: Civica Cerialis, als *legatus* von *Moesia inferior* (↗ zu 41, 2) i. J. 82 bezeugt, wurde wegen angeblichen Hochverrats — u. U. als Saturninus' Verbündeter (↗ zu 39, 2) — ca. 90 hingerichtet.
3 **agi sibi gratias . . .**: Die routinemäßige Danksagung; ↗ ann. 14, 56, 3.
Salarium . . . proconsulare: Seit Augustus erhielten die Statthalter ein festes Jahresgehalt, wodurch die Erpressung der Provinzen eingedämmt wurde. Die Höhe dieses „Salärs“ (urspr. eine „Salzsteuer“) ist speziell bei Asien/ Afrika nicht sicher bekannt; überlieferte Einzelfälle (1 Mill. HS) müssen nicht die Regel gewesen sein.
4 **leniebatur** (*Domitianus*): Tac. selbst erhielt 88 die Prätur und das Priesteramt eines *quindecimvir sacris faciundis,* sowie ab ca. 89/90 ein Legionskommando und eine Provinz (↗ E 13.1).
non contumacia . . . famam fatumque provocabat: Auch später zeigt Tac. wenig Verständnis für politische Märtyrer; ann. 15, 71, 2 schreibt er beim Selbstmord des begnadigten Statius Proxumus: *veniam, quam ab imperatore acceperat, vanitate exitūs corrupit.*
5 **Sciant, quibus . . .**: D. h. die stoische Senatsopposition mit ihrer strikten Unnachgiebigkeit und ihrem z. T. übertriebenen Ruhmesstreben, worüber Seneca (epistula 113, 32) ähnlich urteilt: *Qui virtutem suam public-ari vult, non virtuti laborat* (~ *studet*), *sed gloriae.* Tac., der seinen Aufstieg unter Domitian gemacht hat, ist freilich gegenüber diesen Stoikern in einer peinlichen Lage.
inlicita: D. h. ein den Kaiser unnötig provozierendes Verhalten.

Fr 1. Erläutern Sie § 3 *agi gratias* durch Heranziehung von Seneca, de tranquillitate animi 14, 5: *Agebant gratias (Caligulae) et* (~ *etiam ei,*) *quorum liberi occisi et quorum bona ablata erant.*
2. Vergleichen Sie die Sentenz *Proprium humani generis est odisse, quem laeseris* (§ 4) mit Seneca, de ira 2, 33, 1: *hoc habent pessimum animi magnā fortunā insolentes: quos laeserunt, et oderunt.*
3. Welches Problem beschreibt Tac. ann. 4, 20, 3: *dubitare cogor . . ., an sit aliquid in nostris consiliis liceatque inter abruptam contumaciam et de-forme* (entehrend) *obsequium pergere iter ambitione ac periculo vacuum.* Vergleichen Sie damit § 5!
4. Kann/Muss man Agricolas Verhalten opportunistisch nennen?

4.6 Epilog (43–46)

Im Epilog wandelt sich der Stil von einem mehr historischen (durch Sallust und Livius beeinflussten) zu einem mehr rhetorischen.

43 Agricolas Tod

Tac. hat einen besonderen Sinn für solche Sterbeszenen. Der Abschnitt 43–46 ist von Ciceros Darstellung vom Tod des Redner Crassus (de oratore B. 3–Anfang) beeinflusst (↗ Fr 3).

1 **vulgus . . . populus**: *vulgus* ist mehr gesellschaftlich-geistig, *populus* mehr staatsrechtlich, vgl. Dialogus 7, 4 *vulgus imperitum et tunicatus hic populus.* Das sonst mehr an Zirkus und Theater interessierte Volk (hist. 1, 4, 3) nimmt Anteil am Tod des Agricola.
fora et circulos: Öffentliche und private Zusammenkünfte.

2 **veneno**: Der Vorwurf des Giftmords wird oft erhoben, was seine Glaubwürdigkeit nicht erhöht; Dio Cassius spricht direkt von „ermordet“.
rumor . . . nihil comperti: Obwohl Tac. das Gerücht nicht als beweiskräftig ansieht, rechnet er mit seiner Wirkung auf die Leser.
Nobis nihil comperti affirmare ausim: ~ *affirmare non ausim quicquam a me compertum esse;* eine Konjektur von *quod/ut* ist also unnötig.
principatūs per nuntios visentis: Vor allem Trajan (98–117) und Severus Alexander (222–235) besuchten persönlich kranke Freunde.
cura . . . inquisitio: Wohl chiastisch zu *liberti* und *medici.*

3 **dispositos cursores**: Solche Boten waren Sitte bei Hof. Domitian war damals (↗ 44, 1) wohl auf seiner Villa in den Albaner Bergen (45, 1).
constabat . . . Satis constabat (§ 4): Tac. muss sich wegen seiner Abwesenheit von Rom (↗ zu 42, 4) auf Berichte stützen.
nullo credente: Vielleicht schließt sich Tac. hier mit ein; in der Liste der unter Domitian ermordeten Senatoren und Konsulare (Sueton, Dom. 10 f.; 15) fehlt allerdings Agricolas Namen.

4 **coheredem**: Um der Familie einen Teil am Erbe zu erhalten, setzte man schon Caligula und Nero öfter als Erben ein; Domitian hatte in seinen ersten Regierungsjahren dieses Verfahren abgelehnt, es aber später umso begieriger geübt (Sueton, Domitian 9, 1 und 12, 1/2).

Fr 1. Erklären Sie die Konjunktive *audiret* und *dissimularet* (§ 3)!
2. Inwiefern bildet der letzte Satz des Kapitels inhaltlich wie stilistisch einen wirkungsvollen Abschluss?
3. Vergleichen Sie den ersten Satz von § 1 mit Cicero, de oratore 3, 8: *fuit hoc (~ mors Crassi) luctu-osum suis, acerbum patriae, grave bonis omnibus.* Was ist ähnlich, was verschieden formuliert?
4. Wie verwendet Tac. die Gerüchte zu Agricolas Tod?

Consolatio (44–46)

Die sog. Consolatio (Trostschrift für die Angehörigen) entspricht „in length and dignity“ (Richmond-Ogilvie) der Einleitung (Kap. 1–3). Trotz aller

Anlehnung an die reiche Consolationen-Literatur mit den dort wiederholt verwendeten Topoi: Gestalt — Charakter — das erfüllte Leben — der günstige Zeitpunkt des Todes (vor dem Eintritt eines allgemeinen Unglücks) unterscheiden sie der persönliche Ton und die „intensity of feeling" (Richmond-Ogilvie) von dieser Gattung.

44,2 **Bonum virum**: Dieser Ehrentitel bedeutet etwa Patriot, Ehrenmann.

3 **medio in spatio**: Der geläufige Vergleich Lebensbahn/Rennbahn scheint hier von Cicero, de oratore 3, 7 beeinflusst.

vera bona, quae in virtutibus sita sunt: Hier mehr ein philosophischer Gemeinplatz, obwohl die Formulierung stoischer Lehre entspricht, der Tac. aber auch sonst nicht überall folgt (↗ zu 42, 5).

4 **speciosae** (*opes*): Nach Aristoteles gehört zur Glückseligkeit eine gewisse Ausstattung mit äußeren Gütern, die für die Stoiker unerheblich sind. Auch der Gedanke, dass *fortuna* noch weitere Anlässe zu einem erfüllten Leben hinzufügt, widerspricht der stoischen Lehre.

5 **augurio votisque**: Chiastisch auf Trajans Thronbesteigung und *beatissimi saeculi* bezogen. Agricola hat noch Trajans Erfolge in Germanien erlebt (89 Niederschlagung des Aufstands von Saturninus; ↗ zu 39, 2) und sein Konsulat 91, woran man die höchsten Hoffnungen knüpfte. Die Voraussage (*ominabatur*) ist freilich eher eine sog. *vati-cinatio ex eventu*; die letzten persönlichen Gespräche von Tac. und Agricola (*apud nostras aurīs*) waren i. J. 89 (↗ zu 45, 5).

velut uno ictu: Die vielen ununterbrochen verteilten Schläge erscheinen als ein Schlag, d. h. die schlimme Zeit ca. 93–96 (↗ Fr 3).

Fr 1. Welche Bedeutung haben die *triumphalia ornamenta* in 40, 1 und 44, 3?
2. Inwiefern knüpft Kap. 44 an Kap. 3 an?
3. Vergleichen Sie § 5 (*sed continuo . . .*) mit Seneca, de ira 3, 19, 2: *Optabat (Caligula), ut populus Romanus unam cervicem (~ cervices) haberet, ut scelera sua tot locis ac temporibus di-ducta in unum ictum et unum diem cogeret* (vereinigen könne).
4. Wie beurteilen Sie Tac.' Trostgründe im zweiten Satz von § 4? (Konstruieren Sie einen analogen „Fall" ca. 1941 in Deutschland!)

45 Der günstige bzw. ungünstige Zeitpunkt von Agricolas Tod

1 **obsessam curiam et clausum armis senatum**: Dies hatte Nero beim Prozess gegen Thrasea Paetus (↗ zu 2, 1) praktiziert (ann. 16, 27); von Domitian ist nichts Derartiges überliefert.

tot consularium caedes: Sueton, Dom. 10 f.; 15 nennt zwölf Senatoren, von denen wohl neun Konsulare waren.

feminarum: Durch die Briefe des Plinius (z. B. 3, 11, 3) bekannt sind u. a.:
Gratilla: Wohl die Gattin des Arulenus Rusticus (↗ zu 2, 1),
Arria minor: Gattin des Thrasea Paetus (↗ zu 2, 1),

Fannia: Arrias Tochter und Frau des Helvidius Priscus (↗ zu 2, 1).
exilia et fugas: Auch bei Cicero, de oratore 3, 9 verbunden.
Carus Mettius: Unter Nero und Domitian berüchtigter Ankläger, u. a. des Senecio und der Fannia (s. o.) sowie des jüngeren Plinius. Damals hatte er erst einen Prozess, der uns sonst unbekannt ist, gewonnen.
intra Albanam arcem: D. h. nur in Domitians Landhaus auf der Höhe des alten Alba Longa (*arx*), noch nicht im Senat.
L. Valerius Catullus **Messalinus**: cos. 73 und 85; gefürchteter Denunziant unter Domitian, zu dessen „Kronrat" er gehörte; † ca. 96; ↗ Fr 2.
Massa Baebius: Wegen seiner schlechten Verwaltung von Hispania Baetica (vgl. den südspanischen Strom Baetis ~ Guadalquivir) von Senecio und dem jüngeren Plinius angeklagt (*reus*); das Urteil wurde aus unbekannten Gründen nicht vollzogen. Er rächte sich durch Denunziationen (vgl. die folgenden Namen), die zur Philosophenvertreibung i. J. 93 führten.
Helvidius: Sohn des Helvidius Priscus (2, 1), cos. 87; wegen Majestätsbeleidigung 93 hingerichtet; Freund des jüngeren Plinius.
nostrae ... manus: Hier scheint sich Tac. miteinzuschließen, obwohl der abführende Senator (ein Prätor) bekannt ist (Plin., epist. 9, 13).
Iunius **Mauricus**: Bruder des Iunius Arulenus Rusticus (↗ zu 2, 1), von Domitian wegen seiner oppositionellen Haltung verbannt. Vertrauter Freund des Jüngeren Plinius; er übte wie Tac. und Agricola eine „quiet collaboration" (Richmond-Ogilvie) mit dem Prinzeps. Mauricus stand später bei Nerva und Trajan in hohem Ansehen.

2 **rubor**: Das häufige Erröten Domitians wird oft berichtet.
Mit 45, 2 endet der „historische" Teil (hier zugespitzt zur Gegenüberstellung: Macht des tyrannischen Prinzeps — Moral der tüchtigen Einzelpersönlichkeit); es folgt der biographische Nachruf (Klinz 63).

3 **felix ... opportunitate mortis**: Der günstige Zeitpunkt des Todes ist Topos der Consolatio, hier formuliert nach Cicero, de oratore 3, 12.

5 **ante quadriennium**: 89/90–93/94 war Tac. Proprätor einer Provinz; er kam wohl ziemlich bald nach Agricolas Tod zurück nach Rom.

Fr 1. a) Untersuchen Sie § 1 *Non vidit ... fugas* stilistisch!
b) Vergleichen Sie damit Cic., de oratore 3, 8: *Non vidit flagrantem bello Italiam, non ardentem invidiā senatum, non sceleris nefarii* (zu *reos*) *principes civitatis reos, non luctum filiae, non exilium generi, non acerbissimam C. Mari(i) fugam ...*
2. Welches Bild von Messalinus zeichnet Plin., epist. 4, 22, 5:
luminibus (~ oculis) orbus (~ spoliatus) ingenio saevo mala caec-itatis addiderat: Non verebatur, non e-rub-escebat, non miserabatur; quo (um so) *saepius a Domitiano non secus (~ aliter) ac tela, quae ipsa caeca et im-provida* (blindlings und unbekümmert) *feruntur, in optimum quemque con-torquebatur* (werfen; h. hetzen).
3. Wo und wie zeigt sich in § 1 besondere Betroffenheit bei Tac.?

46 Das Andenken des Agricola

1 **piorum mānibus locus**: Diese Meinung vertritt etwa Cicero im ‚Somnium Scipionis' (Staat, B. 6), wo auch die Seelen der Verstorbenen noch am Erdengeschehen teilnehmen (*voces*). Besonders das Leben der Guten findet nach der Meinung vieler antiker Dichter und Philosophen (vor allem von Stoikern und von Platon) eine Fortsetzung im Jenseits.
placide quiescas: Ähnlich oft in Grabinschriften: *b(ene) q(uiescas).*
(*non*) **fas est**: Nach antikem Glauben stört lautes Wehklagen die Totenruhe; außerdem entspricht *fas* dem feierlichen Ton der Stelle.

3 **simulacra vultūs ... mortalia sunt, forma mentis aeterna**: Ein — seit dem griech. Dichter Pindar (5. Jh.) — oft geäußerter Gegensatz; im Übrigen entspricht die Pflege von Agricolas Gedächtnis (alt-)römischer Sitte, die *mores maiorum* zu bewahren.

4 **famā** (*rerum*): Nicht der Abschluss eines Trikolons (Halm wollte *in* ergänzen), sondern instrumentaler/kausaler Ablativ.
superstes erit: Abgesehen von Tac. und zwei Notizen bei Dio Cassius, steht Agricolas Name noch auf einer Bleiröhre des J. 79 in Chester. Tac. glaubt an die Unvergänglichkeit seines Werkes wie etwa Thukydides, Ennius, Horaz und Ovid.

Fr 1. Wie hebt Tac. in § 4 den Abschluss stilistisch hervor?
2. Inwiefern enthalten die Worte des sterbenden Seneca an die Freunde und seine Frau *imaginem vitae suae relinquere* und *in contemplatione vitae per virtutem actae desiderium mariti solaciis honestis toleraret* (ann. 15, 62, 1 und 63, 1) ähnliche Gedanken wie Kap. 46?
3. a) Welche Sätze dieses „Nachrufs" sprechen Sie persönlich an?
b) Welche erscheinen Ihnen eher zeitbedingt?

5. Tacitus, Annales (↗ 6.2.2.3 und 5)

5.1 Augustus (Tod und Begräbnis) und Tiberius (1, 1–10)

1 Römische Geschichte zwischen libertas und dominatio

1 **Urbem Romam a principio reges habuere**: Der vollständige Hexameter ist ein freies Zitat von Sallust, Catilina 6, 1; ↗ zu 1, 9, 4 *socordia* . . .
libertas: Bei Tac. oft „Freiheit im republikanischen Sinn" bzw. ~ *libera res publica*; so schon bei Livius.
tribunorum militum consulare ius (statt *tribuni militum consulari potestate*): Zwischen 444 und 367 wechselten sie oft mit den Konsuln.
dominatio: Uneingeschränkte Gewaltherrschaft (fast ~ „Tyrannei").
Pompei Crassique (erg. *et Caesaris*) **potentia**: Das sog. 1. Triumvirat (60 v.) war eine private Absprache von größter Bedeutung. Die Bezeichnung (1.) Triumvirat ist eine moderne Rückübertragung vom (2.) Triumvirat im Nov. 43 (↗ zu 1, 2, 1), das ein durch eine *lex* übertragenes Amt war. Letzteres wird aber statt *triumviratus* nur als *arma* bezeichnet, da die Triumvirn die meisten (18) Legionen hatten; ↗ Fr 1.
Schon Livius hat wohl das 1. Triumvirat kritisch *con-spiratio inter tres civitatis principes* (periocha 103) genannt.
nomine principis sub imperium accepit: Der Kaiser heißt bis ins 4. Jh. *princeps,* doch ist *princeps* weder fester Bestandteil der kaiserlichen Titulatur noch ein *magistratus.* Octavian erhielt diesen Titel i. J. 28 (*princeps civium* bzw. *princeps senatūs*: Mon. Anc. 7; später ohne Genitiv). Er wird hier durch die Fortsetzung *sub imperium accepit* entlarvt; denn *imperium* meint „Unterwerfung"; entsprechende Wendungen beziehen sich sonst auf fremde Völker. (Classen 7)

2 **temporibus dicendis non defuere decóra ingenia, donec . . . deterrerentur**: Alliterationen in diesem Ausmaß sind selbst bei Tac. selten (↗ zu Agr. 1, 1). Der Konjunktiv breitet sich im nkl. Latein allgemein aus, vielfach ohne (finalen . . .) Nebensinn; ↗ *quamquam* + Konj. — Das in *decóra ingenia* liegende Lob bezieht Grant, Geschichtsschreibung 247 auf Livius.
gliscente: „Die normale Umgangssprache wird . . . durch die weniger gebräuchliche Ausdrucksweise verdrängt" (Löfstedt 91); ↗ *crescere/gliscere, omnia/cuncta, essem/forem, (non) posse/(ne-)quire.*
donec . . . adulatione deterrerentur: Unter Augustus herrschte dank seiner i. Allg. geübten Großzügigkeit noch mehr Redefreiheit. Der Umschwung von einer freimütigen zu einer angepassten Geschichtsschreibung vollzog sich aber schon während seiner Regierung; ↗ Fr 3 und 4.
Tiberii Gaique et Claudii ac Neronis: Die Reihe der vier Kaiser gliedert sich deutlich in zwei Paare (*-que* bzw. *ac*); die ersten beiden werden durch Adoption Julier, die zweiten bleiben Claudier.
florentibus ipsis: Der abl. abs. statt *florentium ipsorum* (vgl. die Kaisernamen) dient der Hervorhebung (↗ zu 15, 51, 1 *cunctantibus*).
ob metum falsae . . . odiis compositae: Dieses negative Urteil über die zeit-

genössische Geschichtsschreibung (↗ E 12) trifft in Einzelfällen zu, meint aber keine krasse Entstellung der Tatsachen.
postquam occiderant: Das Plqpf. bei einfachem *postquam* ist (vor-)klassisch selten, namentlich bei Livius (↗ 3, 44, 4) und Tac. dagegen häufig.

3 **pauca de Augusto et extrema**: Tac. hat Augustus nur noch in zahlreichen Rückverweisen erwähnt. Zu weiteren Plänen ↗ E 13.6–Ende.
Tiberii principatum et cetera: Tiberius ist Hauptfigur in B. 1–6.
quorum causas procul habeo („mir fern liegen"): Damit betont Tac. die zeitliche Distanz zu den beschriebenen Vorgängen (Kierdorf 26).

Fr 1. Welche Wörter verwendet Tac. für „Macht"? Was bedeuten sie genau?
2. Was ist an der Formulierung *florentibus ipsis ob metum falsae, postquam occiderant, recentibus odiis* inkonzinn?
3. Welches Urteil fällt Tac. indirekt über die augusteische Zeit?
4. a) Vergleichen Sie zu § 2 hist. 1, 1, 1: *post conditam urbem octingentos et viginti prioris aevi annos multi auctores rettulerunt, dum res p. R. memorabantur* (W), *pari eloquentia* (W) *ac libertate: postquam bellatum (est) apud Actium atque omnem potentiam ad unum conferri pacis interfuit, magna illa ingenia cessēre.*
b) Vergleichen Sie *sine ira et studio* mit hist. 1, 1, 3 *in-corruptam fidem professis neque amore quisquam et sine odio dicendus est* (↗ E 13.9).
(vgl. Vogt [6. 2. 2. 1], besonders S. 39–47; Kurzreferat)

2 Wandel durch und unter Augustus — Entstehung des Prinzipats

1 **caesis**: Wie später *interfecto* allgemeine Bezeichnung für Selbstmord.
(*Sextus*) **Pompeius apud Siciliam oppressus**: Sextus, der Sohn des Cn. Pompejus, bedrohte Italien durch die Sperrung der Kornzufuhr. Im Vertrag von Misenum (39) bekam er die drei großen Inseln westlich von Italien samt Griechenland, hielt aber die Zusage der Getreidelieferungen nicht. Agrippa (↗ zu 3b) besiegte ihn 36 bei Mylae und Naulochos (bei Messina); M. Antonius ließ ihn 35 in Milet hinrichten.
exuto Lepido: M. Aemilius Lepidus hatte beim Zustandekommen des (2.) Triumvirats vermittelt, war aber dann von Octavian und (!) Antonius dauernd übergangen worden. Nach dem Seekrieg von Naulochos wollte er zu seinem Gebiet Afrika noch Sizilien. Octavian konnte aber seine Truppen für sich gewinnen. Lepidus wurde aus dem Triumvirat ausgestoßen (36) und behielt bis zu seinem Tod (12) nur das Oberpontifikat.
Iulianis partibus: D. h. den verbleibenden Gegnern der Cäsarmörder.
Caesar dux: *dux* bedeutet urspr. militärischer Führer, lässt sich aber auch als Rückübersetzung von griech. *hēgemṓn* verstehen, dem Äquivalent zu *princeps*. Tatsächlich hatte Octavian neben dem seit 38 laut Erbrecht angenommenen Namen *imperator*, den der Senat 29 offiziell anerkannte, von 31 bis 23 das Konsulat inne, getragen vom Konsens aller Bürger.
posito triumviri nomine: Den Titel Triumvir führte Octavian vom 11. Nov. 43 bis zum 13. Jan. 27; dafür erhielt er dann das *imperium proconsulare*

in den noch nicht völlig gesicherten Provinzen Spanien, Gallien, Syrien und Ägypten, dazu am 16. Jan. 27 v. den Ehrennamen *Augustus.*
tribunicio iure (*contentum*): Bzw. *tribuniciā potestate* (seit 1. Juli 23 v.). Augustus gab dieser republikanischen Amtsgewalt einen neuen Inhalt durch den teilweisen Verzicht auf die beiden Prinzipien republikanischer Ämter: der Annuität und der Kollegialität; Augustus verlieh sie aber mehrfach seinem präsumptiven Nachfolger, dem Agrippa, später dem Tiberius. Wegen der alljährlichen Erneuerung dient sie auch zur amtlichen Reichsdatierung der Prinzipatsjahre (etwa auf Inschriften). Über die Umgestaltung dieses Amtes sagt Tac., ann. 3, 56: *Id summi fastigii* (Gipfel) *vocabulum Augustus repperit, ne regis aut dictatoris nomen adsumeret* (W), *ac (ut) tamen appella-tione aliquā cetera imperia prae-minēret* (+Akk.).
militem donis . . . **pellexit**: Die Soldaten erhielten eine einmalige Abfindung; wichtiger war, dass Augustus sie ausschließlich für den Schutz der Grenzen einsetzte und nur noch 25 Legionen behielt.
populum annonā: Mehrfach erhielt das Volk Geld- und Getreidespenden (Mon. Anc. 15); i. J. 22 wurde Augustus anlässlich einer Hungersnot die *cura annonae* vorübergehend übertragen, die früher Pompejus ausgeübt hatte. Die Zahl der städtischen Getreideempfänger wurde von ihm auf 200 000 festgesetzt. Er richtete auch eine *praefectura annonae* ein.
otii: Damit ist nicht mehr das Freisein von Geschäften gemeint, sondern „friedliches Dasein“, manchmal geradezu *pax.* Die drei Punkte, die sich Augustus als Ruhm anrechnete, bieten Tac. Anlass zur Kritik. Dennoch steckt hinter der negativen Aussage *dulcedine otii pellexit* die Überzeugung, dass Bürgerkrieg schlimmer als der Prinzipat ist.
munia . . . **legum** (der Gesetzgebung) **in se trahere**: *leges* steht für *comitia.* Dem Volk wurde die Möglichkeit der politischen Einflussnahme entzogen (ann. 1, 15) bzw. hatten die *edicta* („Verfügungen“) des Octavian/Augustus den Rang von Gesetzen. Im J. 24 enthob der Senat den Augustus von allem Zwang der Gesetze; damit konnte aus dem Prinzipat das Kaisertum werden, das etwa seit Caligula missbraucht wurde (Kornemann, Röm. G. II 118). Einen Teil der Beamten schlug der Prinzeps vor, den Rest wählte der Senat. Tiberius schlug vier von 12 Prätoren vor (ann. 1, 15), womit er hinter Augustus zurückblieb (Kornemann, Tiberius 60).
nullo adversante . . .: Solche abl. abs. gegen Satzende (statt am Satzbeginn) mit wichtigen Nachträgen sind typisch für Tac. (ähnlich § 2), besonders häufig im Agricola, in den Historien und Annalen B. 11–16. Durch diese „Satznachträge“ wird die vorausgehende Darstellung meist „eingeschränkt, beurteilt, ironisiert oder kritisiert“ (Suerbaum 177).
servitio promptior: Die Ersetzung des Dativs durch Umschreibungen (besonders mit *ad*) beginnt schon bei Plautus, verstärkt sich z. Z. des Tac. und herrscht dann in den romanischen Sprachen vor; Tac. tritt hier bewusst einer volkssprachlichen Tendenz entgegen (Löfstedt 93).

2 . . . **ob certamina potentium et avaritiam magistratuum**: Der „Republikaner“ Tac. kritisiert hier Auswüchse der ausgehenden Republik bzw. er

kommt nicht umhin, gewisse Vorzüge des Prinzipats (indirekt) anzuerkennen. Zu Recht sagt Grant, Geschichtsschreibung 250: „Das Herz des Tac. gehörte ... der Republik, aber mit dem Verstand war er auf seiten der Gegenwart, der Monarchie."

Fr 1. a) Stellen Sie § 1 nach einer Ihnen geläufigen Methode graphisch dar! (Fügen Sie alle Ellipsen in spitzen Klammern hinzu und erläutern Sie die Satzteile kurz [z. B. abl. abs. — Hauptsatzbeginn]!)
b) Untersuchen Sie den Satz stilistisch! Inwiefern trägt die Stilisierung zur Gliederung des Satzes bei?
2. a) Welches Bild von Augustus wird in diesem Satz gezeichnet?
b) Was führt außer Augustus' Auftreten zur Verfassungsänderung?

Überblick über die Kapitel 3–8:
3: Sicherung der Herrschaft des Augustus; Auftreten der Livia.
4: Wandel der Staatsform und Beurteilung der „Thronfolger".
5: Besuch beim verbannten Agrippa Postumus — Augustus' Tod (als Text).
6: Die Ermordung des Agrippa Postumus (§ 1 als Text).
7: Schmeichelei des Senats und Gaukelspiel des Tiberius (als Text).
8: Erste Senatssitzung unter Tiberius (§ 1. 5–6 als Text).

3,1-5 In einem einzigen Kapitel beschreibt Tac. die über 30 Jahre dauernden Versuche des Augustus, eine Dynastie zu gründen (*subsidia dominationi*). Dieses Bemühen ist vom Tod mehrerer Kandidaten überschattet, die Aug. lieber gesehen hätte als den schließlich überlebenden Tiberius.
a) Zunächst zeichnete Aug. den **Marcellus,** den Sohn seiner Lieblingsschwester Octavia aus deren erster Ehe, aus; den schon 23 v. verstorbenen 19-jährigen Jüngling pries auch Vergil in der Heldenschau im 6. Buch der Aeneis; Octavia benannte nach ihm eine Bibliothek, Aug. ein Theater.
b) Schon vorher förderte Aug. seinen Jugendfreund und Kampfgefährten **Agrippa**; ihm verdankte er viele Siege (vor allem die über Sex. Pompejus und Antonius) und den Aufbau einer Flotte. Er erhält 23 v. Augustus' Tochter Julia zur Frau und alle Ehren, die auf eine spätere Nachfolge weisen. Der 12 v. verstorbene Agrippa ist der Erbauer des Pantheons.
c) Nach Agrippas Tod zog Aug. dessen Söhne **Gaius** und **Lucius** heran, die er adoptierte und trotz ihrer Jugend schon bei militärischen Aufgaben einsetzte; ihnen gegenüber musste sogar Tiberius zurückstehen, der sich nach Rhodos zurückzog. Dessen Bruder Drusus hätte Aug. bevorzugt, doch war dieser 9 v. tödlich verunglückt. Die beiden kaiserlichen Prinzen starben 2 und 4 n., wobei — nach Tac. — vielleicht Livia die Hand im Spiel hatte, um ihrem Sohn Tiberius den Weg zu ebnen.
d) 4 n. wurden **Tiberius** und **Agrippa Postumus** (Agrippas nachgeborener Sohn) von Aug. adoptiert, der vielfach zwei Kandidaten förderte. Wegen seines schlechten Lebenswandels wurde Agrippa Postumus 7 n. verbannt.
e) **Tiberius** wuchs nun in die Rolle des Nachfolgers hinein (wie früher Agrippa), musste aber schon 4 n. den Drusus-Sohn Germanicus adoptieren.

3,6-4 In den letzten Jahren des Aug. gab es keinen bedeutenden Krieg mehr außer gegen die Germanen; Aug. verzichtete zunehmend auf eine aktive Außenpolitik, was ihm Tac. unausgesprochen verübelt.

Im Inneren war allmählich ein Wandel eingetreten: Trotz der Fortführung republikanischer Traditionen (*eadem magistratuum vocabula*: 3, 7) verlor der Gedanke an die schon über vierzig Jahre zurückliegende Republik an Bedeutung (*omnes . . . iussa principis spectare*: 4, 1).
Beim herannahenden Tod des Prinzeps diskutiert (*variis rumoribus*) das Volk vor allem über die beiden Adoptivsöhne des Augustus: Tiberius und Agrippa Postumus. Im Vergleich zu Letzteren erkennt man bei Tiberius immerhin seine militärische Erfahrung an, fürchtet aber den Stolz seiner Familie und den belastenden Einfluss der herrschsüchtigen Livia.

5,1-2 Tac., der gern Gerüchte erzählt, die seiner Meinung entsprechen, berichtet, Aug. habe wenige Monate vor dem Tod den verbannten Agrippa Postumus besucht und die Versöhnung angebahnt. Aug.' einziger Begeiter sei kurz darauf auf rätselhafte Weise ums Leben gekommen; dabei lenkt Tac. den Verdacht auf die in seinen Augen unheilvolle Livia, ohne sich freilich festzulegen (§ 3-Anfang *utcumque* [W] *se ea res habuit*).

3 **vixdum ingressus Illyricum Tiberius**: Illyricum umfasste damals den Raum südlich der Donau: Rätien, Noricum, Dalmatien, Pannonien und Mösien (↗ zu Agr. 41, 2). Tiberius sollte nach der militärischen Eroberung die verwaltungsmäßige Neuordnung des Gebiets besorgen. Bei der Reise dorthin (über Brundisium) begleiteten ihn auf italischem Boden Augustus und Livia, doch erkrankte unterwegs der schon geschwächte Augustus und starb auf der Rückkehr in Nola (Sueton, Aug. 98, 5).

apud urbem Nolam: *apud* statt Lokativ oder *in* + Abl. verwendet Tac. in den Historien noch selten, dagegen häufig in den Annalen.

4 **laetique interdum nuntii vulgabantur, donec**: Schon Tanaquil hatte den Tod des Königs Tarquinius Priscus (Liv. 1, 41, 5) verheimlicht.

rerum potiri: Zur Bedeutung von *potiri* vgl. ann. 2, 42 *rex Archelāus quinquagesimum annum Cappadociā potiebatur* und 13, 3, 2. Bei Tac. und Cicero bedeutet *potiri* vorwiegend „die Macht ausüben".

Fr Beschreiben Sie Livias Rolle beim Machtwechsel und ziehen Sie dazu ann. 12, 68 (Tod des Ks Claudius heran): *Cunctos aditūs custodiis clauserat crebroque vulgabat* (W) *ire in melius valetudinem principis, quo* (W) *miles bonā in spe ageret* (~ *esset*) *tempusque prosperum ex monitis Chaldaeorum* (Astrologen) *advent-aret.* (↗ Balsdon [6.2.3] 98–104)

6 Die Ermordung des Agrippa Postumus

Die grausame Tat tritt hinter ihrer Beurteilung zurück; sie wird zum Lehrstück dafür, wie Tiberius mit dem Senat umging, den Augustus noch regelmäßig informiert und herangezogen hatte (§ 2). Fraglich ist, woher Tac. die geheimen Absprachen im Kaiserhaus kennt und von wem der Befehl zu Agrippas Ermordnung kam. Kornemann (Tiberius 55; Livia 198) glaubt, der Befehl stamme von Augustus; so gesehen, stimmt Tiberius' Äußerung (§ 3) *neque imperasse sese.* Tac. meint, Tiberius habe aus Furcht, Livia aus „stiefmütterlichem Hass" heraus den Mord vorangetrieben. Diese Wendung *novercalibus* (erst von Tac. gebildet) *odiis* benützt Tac. auch bei Agrippina II. Beide Male wird nach Tac. der leibliche Nachkomme des

Herrschers (Agrippa Postumus/Britannicus) durch die Intrigen seiner Stiefmutter getötet. Der Vergleich Livia — Agrippina (durch den Titel *Augusta* nahegelegt, obgleich Agrippina ihn schon zu Lebzeiten des Claudius erhielt) geht sehr zu Lasten der Livia.

1 (*novi*) **principatūs**: Bewusst statt *principis,* denn es herrschte ca. vier Wochen die Gefahr eines „Prinzipat(s) ohne Prinzeps" (Kornemann).

2-3 Die Anklage des Offiziers wird von dem Sekretär Sallustius Crispus (dem Neffen und Adoptivsohn des Geschichtsschreibers) verhindert; er warnt Livia (nicht Tiberius!), den Fall vor den Senat zu bringen; das gefährde die Stellung des Tiberius.

7 Beginn der Kriecherei des Senats und des Gaukelspiels von Tiberius

1 **At Romae**: 5, 4–6 finden in Nola statt, ebenso noch 7, 3 *vocabat.*
eques: Früher im Singular „Reiterei", jetzt „Ritterstand".

2 **Sex. Pompeius**: Ein Verwandter des Augustus und Freund des Germanicus; als Prätor gab er dem Ovid sicheres Geleit ins Exil nach Tomi.
Sex. Ap(*p*)uleius: Seine Großmutter Octavia maior war Augustus' Stiefschwester; sein gleichnamiger Vater war mit Octavian 29 v. Konsul.
consules: Die Konsulnamen bilden hier nicht den Jahreseinschnitt wie in der republikanischen freien Geschichtsschreibung (↗ bei Livius), sondern den Anfang des Knechtsdienstes. Wichtiger als die traditionelle Gliederung ist der Einschnitt bei der jeweiligen Thronfolge, die durch Buchgrenzen (B. 7 und 13) herausgehoben wird (↗ E 13.7).
in verba Tiberii Caesaris iuravere: Aus dem Fahneneid der Republik (*sacramentum*: ↗ zu Liv. 2, 32, 2) wird ein Treuegelöbnis auf den Ks.
Seius Strabo: Später Präfekt in Ägypten; Vater des Sejan.
C. Turranius: Er hat dieses Amt — das Augustus in seinen letzten Regierungsjahren eingeführt hatte — noch 48 unter Claudius inne und sicherte Roms regelmäßige Getreideversorgung (↗ zu 2, 1 *annona*).
praetoriarum cohortium: Augustus hatte zum Schutz von Rom und Italien neun Kohorten zu je 1000 (!) Mann gebildet; nur drei wurden in Rom bei Bürgern, die übrigen in einzelnen Städten Italiens einquartiert. Sie standen später unter zwei *praefecti praetorio* und dienten als Garde des Kaisers. Sejan — schon ab 14 n. (ann. 1, 24) der *collega* seines Vaters (s. o.) — zog die Prätorianer in einem Lager auf dem Viminal in Rom zusammen. 14 n. war ein kleiner Teil in Nola; 40 wurden beauftragt, den Leichnam des Augustus auf das Paradebett zu legen.
miles: Die in Rom anwesenden je drei *cohortes praetoriae* und *urbanae* (für die polizeiliche Sicherheit der Stadt), dazu sieben *cohortes vigiles* (eine Art Nachtwache und Feuerwehr), also nicht „das Heer". Dennoch fällt die Abwandlung der geläufigen Formel *senatus populusque (Romanus)* auf; die Soldaten riefen später den Kaiser aus.

3 **ambiguus imperandi**: Der Genitiv nach Adjektiven (besonders der Gemütsbewegung) wird nach dem Vorbild der Dichter bei Tac. ausgedehnt.

tribuniciae potestatis: Tiberius hatte sie seit 4 n.; der Eingang des Edikts lautete: *Tiberius Caesar tribuniciae potestatis XVI dicit.*

4–5 **... usurpare. Sed**: Tiberius handelte als *collega imperii* völlig korrekt. *Sed* führt also nur einen vermeintlichen Widerspruch ein.

ut imperator: Tiberius handelt noch nicht als „Kaiser“ (↗ zu 10, 8), er gibt die Parole dank seiner Imperator-Würde; an die Heere draußen schreibt er kraft seines *imperium proconsulare*, das er ab 13 n. besaß.

excubiae: Wachen vor der Wohnung. — **arma**: Militärische Begleitung.

miles: Nicht eine kaiserliche Leibgarde, sondern eine Ehrenwache für Tiberius als den Vertreter des Staates bei Beratungen mit dem Senat.

6 **tot** (~ *octo*) **legiones**: Germanicus war Kommandant über Germanien.

7 **ut vocatus electusque potius a re p. videretur quam per uxorium ambitum et senili adoptione inrepsisse**: Livia hat Augustus wohl nur 4 n. beeinflusst, als er zwischen Tiberius und Germanicus schwankte (↗ zu Kap. 3 d/e). Augustus hat den Tiberius dann wegen seiner großen militärischen und diplomatischen Erfolge voll akzeptiert. Volk und Senat haben für ihn nach den pannonischen Siegen zwei Triumphbögen aufstellen lassen.

ad introspiciendas ... voluntates: Nach Cassius Dio 57, 3, 4 kannte Tiberius die Abneigung gegen ihn und befürchtete einen Umsturzversuch; sein angeborenes Zögern hatte hier u. U. einen realen Grund.

Fr 1. Tac. lässt die Erzählung in eine stufenweise „Enthüllung“ übergehen; benennen Sie kurz die wichtigsten Stufen!
2. *ambiguus imperandi*: Vergleich mit Sueton, Tiberius 24 (Kurzreferat).

8 Erste Senatssitzung unter Tiberius: Testament und Ehrung des Augustus

1 **Primo senatūs die**: Anfang September 14 n.

de supremis Augusti: Über Augustus’ Testament und die Ehren für ihn.

virgines Vestae: Testamente hinterlegte man oft im Vestatempel. Augustus’ letztes Testament stammt vom 3. April 13 n. (Sueton, Aug. 101, 1).

Tiberium et Liviam heredes habuit: Nach Sueton, Aug. 101, 2 erbte Tiberius 7/12, Livia 1/3, das restliche Zwölftel Drusus II und Germanicus samt seinen drei männlichen Kindern (*nepotes pronepotesque*). Der jüngere Bruder des Germanicus (Ks Claudius) galt nicht als regierungsfähig.

Livia ... adsumebatur: Livia wird rechtlich zur Tochter des Augustus: *Iulia Augusta.* Ob sie tatsächlich zur Mitregentin des Tiberius wurde (Mommsen), ist umstritten. Sie selbst glaubte es, der Senat ehrte sie entsprechend (Tac., ann. 1, 14, 1): Kornemann, Tiberius 54 f.

2–4 Die Vermächtnisse des Aug. gehen nicht über den *modus civilis* hinaus; er hatte nur dem Gesamtvolk (*populus*) 40 Millionen HS vermacht, die ins *aerarium* kamen, der *plebs* zur unmittelbaren Verteilung 3,5 Millionen HS geschenkt; auch die Soldaten erhalten Geldzahlungen.

Die Beratungen über die letzten Ehrungen des Augustus zeigen die schmeichlerische Gesinnung vieler Senatoren.

5 **funus divi Iulii turbassent**: Das Volk hatte in wilder Erregung aus benachbarten Häusern und von Tribunalen alles Holzgerät herbeigeschleppt und in den Scheiterhaufen geworfen (Plutarch, Cäsar 67 f.).
in campo Martis, sede destinata: D. h. in dem erhaltenen Mausoleum (↗ Fr). Dort waren u. a. schon Marcellus und Agrippa (↗ zu Kap. 3) bestattet worden. Im Übrigen hatte Augustus in den Vorschriften für sein Begräbnis i. Allg. das des Agrippa als Vorbild hingestellt.
6 **Die funeris**: 17. 9. 14 n.
multum inridentibus: Tac. legt sein Urteil — durchaus geschickt — den (anonymen) Teilnehmern am Staatsbegräbnis in den Mund.
foret: ↗ zu 1, 2 *gliscente.*

Fr Das Mausoleum Augusti (Kurzreferat, vgl. Coarelli 275–278).

8,6-10 Das „Totengericht" — Beurteilung des Augustus

9,1 **Multus . . . sermo**: Tac erwähnt nur das Gerede der Leute; nach einer Einleitung über „Nichtigkeiten" (9, 1 f.) führt er einen Rede-Agon vor: *extollebatur arguebaturve* (§ 3). Die offiziellen Trauerfeierlichkeiten übergeht er fast ganz (10, 8), vor allem die *laudatio funebris* des Drusus (II) und die Aufzählung der Taten des Augustus durch Tiberius. Tac. bringt in den Annalen Nachrufe auf zwanzig Männer (Grant, Geschichtsschreibung 246).
idem dies . . . imperii: Am 19. Aug. 43 v. wurde Augustus erstmals Konsul.
2 *M.* **Valerius Corvus**: Römischer Nationalheld des 4. Jh. († nach 300 v.). Von seinen sechs Konsulaten sind zwei unsicher.
C. Marius († 86 v.): Er wurde siebenmal Konsul. Beide Männer schätzte Augustus: Valerius Corvus wurde durch eine Statue von ihm geehrt, Marius war mit Cäsars Vaterschwester Julia verheiratet.
nomen imperatoris: Als Agrippa 39 v. erstmals seit Cäsar den Rhein bei Köln überschritten und Octavian dafür zum dritten Mal vom Heer den Titel *imperator* erhalten hatte, nannte er sich *Imperator Caesar Divi filius* unter Weglassung des Julier-Namens; den Vornamen *Gaius* hatte er seit Cäsars Apotheose am 1. 1. 42 durch *Divi filius* ersetzt.
aliaque honorum: Z. B. *princeps* (28; ↗ zu 1, 1); vgl. 6.6 den Überblick zu 27 (damals auch Verleihung des goldenen Ehrenschilds), 23, 19 und 2 v.
3 **necessitudine** (↗ zu 15, 52, 2 *claritudinem*) . . . **actum**: Diesen entschuldigenden Hinweis auf die Umstände bringt auch der griechische Historiker Cassius Dio (3. Jh. n.) 46, 44, 1 in einem ähnlichen Zusammenhang.
Multa Antonio . . . concessisse: U. a. Ciceros Proskription.
dum interfectores patris ulcisceretur: Nach der Einnahme von Perusia (40 v.) wurden nach Sueton, Aug. 15 an einem für den Divius Iulius errichteten Altar 300 Gefangene am 15. 3. 40 „wie Opfertiere geschlachtet".
hic socordiā, ille per libidines (Stilmittel?) **pessum datus sit**: Formuliert nach Sall. Jugurtha 1, 4. Für Tac. ist Sallust (↗ zu 1, 1, 1) der *rerum Romanarum florentissimus auctor* (ann. 3, 30; ↗ E 13.8).

5 **principis nomine** (*constitutam rem p.*): Durch die Parallelisierung mit 1, 1, 1 *nomine principis* (*sub imperium accepit*) wird das Lob entwertet. Augustus selbst schrieb Mon. Anc. 34 *rem p. ex mea potestate in senatūs populique Romani arbitrium transtuli* (i. J. 28/27); ↗ Fr 1.
amnibus longinquis: Die Dreistromgrenze Rhein, Donau, Euphrat.
legiones provincias classes: Es gab 25 Legionen (↗ zu 2, 1). In den Hauptprovinzen hatte Augustus auch die Zivilverwaltung. Die Voranstellung von *legiones,* deren Oberkommandierender Augustus war, zeigt deutlich den Charakter der Militärdiktatur, die auch die Flottenverbände umfasste. Die kaiserliche Flotte, von Agrippa organisiert, war in Ravenna und Misenum stationiert (Sueton, Augustus 49, 1); die Kommandanten der Hochseeflotten hatten prätorischen Rang.

Fr 1. *non regno tamen neque dictaturā* (§ 5): Paraphrasieren Sie zur Erläuterung Sueton, Aug. 52: *Dictaturam magnā vi offerente populo genu* (W) *nixus deiectā ab umeris togā nudo corpore deprecatus est.* (22 v. Chr.)
2. *urbem ipsam magnifico ornatu*: Erläutern Sie dies durch Sueton, Aug.
a) *ut iure sit gloriatus marmor-eam se relinquere* (*urbem*), *quam latericiam* (aus Ziegelsteinen) *accepisset* (28, 3);
b) *et ceteros principes viros saepe hortatus est, ut pro facultate quisque monumentis vel novis vel refectis et ex-cultis urbem ad-ornarent* (29, 4);
durch Mon. Anc. 20 a) *Capitolium et Pompeium theatrum utrumque opus impensā* (Aufwand, Kosten) *grandi refeci.*
b) *Forum Iulium et basilicam . . . perfeci.*
c) *Duo et octoginta templa de(or)um in urbe consul sextum ex auctoritate senatūs refeci nullo* (*templo*) *praeter-misso, quod eo tempore refici debebat.*

10 „Anklage“ gegen Augustus

1 **concitos per largitionem veteranos, paratum ab adulescente privato exercitum**: Okt. 44 gewann Octavian 3000 Veteranen Cäsars für sich, da er mit Geld nicht sparte, und stellte sie dem Staat zur Verfügung.
corruptas consulis (*Antonii*) **legiones**: Im Nov. 44 v. in Brundisium.
Pompeianarum . . . partium: D. h. mit der Senatspartei, deren Vorkämpfer Cn. Pompejus († 48 v.) gewesen war.

2 **fasces et ius praetoris invaserit**: Jan. 43 durch Ciceros 5. Philippica.
caesis Hirtio et Pansā (die coss. von 43): Bei der Befreiung des D. Brutus aus der Umklammerung durch Antonius (*bellum Mutinense*) hatte zuerst Pansa eine Niederlage und eine schwere Verwundung erlitten; eine Woche später besiegte Hirtius den Antonius und befreite Brutus (April 43), fiel aber. Die Verdächtigungen (↗ auch Sueton, Aug. 11) sind nicht zu erweisen.
extortum invito senatu consulatum: August 43 mit Hilfe der Soldaten.
armaque, quae in Antonium acceperit, contra rem p. versa: Octavian war als Truppenführer gegen Antonius vom Senat auf Betreiben Ciceros gefördert worden; als Konsul hob er den Beschluss, durch den M. Antonius und Lepidus (↗ zu 2, 1) zu *hostes* erklärt worden waren, auf und einigte sich mit beiden im sog. zweiten Triumvirat (↗ zu 1, 1).

proscriptionem civium: Aus einer Liste von ursprünglich 17 Namen wurden später ca. 300 Senatoren und 2000 Ritter; ↗ Fr 1.
divisiones agrorum: 42 v. wurden zur Ansiedlung der 18 unversorgten Legionen 18 blühende Städte von Norditalien geopfert.

3 **Cassii et Brutorum exitus**: C. Cassius und M. Brutus töteten sich nach den Einzelphasen der Doppelschlacht von Philippi (Okt. 42) selbst, während D. Brutus (↗ zu § 2 *caesis*) Okt. 43 auf der Flucht „unterging".
Sed . . . sed: Man erwartet *Sed . . . et*; doch findet sich diese „emphatische Anapher" nkl. öfter. — (*Sex.*) **Pompeium . . . Lepidum**: ↗ zu 2, 1.
Tarentino Brundisinoque foedere: Die überraschende Reihenfolge (37 vor 40 v.) wohl wegen der angeführten Hochzeit (40), die eine politische Heirat, aber keine *subdola adfinitas* war.
morte: Im August 30, als Antonius' Flotte zu Octavian übergegangen war.

4 **Lollianas Varianasque clades**: 16 v. bzw. 9 n.; die Niederlage des Lollius gegen die Sugambrer wird hier zu Unrecht mit der des Varus auf eine Stufe gestellt (sie blieb ohne weitere Folgen). Die Beurteilung des Lollius ist sehr unterschiedlich (Horaz c. 4, 9 preisend — Velleius 2, 97 vernichtend). Augustus hat ihm sein Vertrauen nicht entzogen. Lollius wurde 1 v. *comes et rector* des kaiserlichen Prinzen Gaius Caesar (↗ zu 3 c).
Varrones Egnatios Iullos: Die Verschwörungen des L. Terentius Varro Murena, des Schwagers von Maecenas, gegen das Leben des Kaisers 23 v. und des M. Egnatius Rufus 19 v. waren insgesamt unbedeutend. Dagegen brachte Julias Ehebruch mit Iullus Antonius (2 v.) dem Augustus größere Schwierigkeiten, da er seine strengen Ehegesetze durchsetzen wollte. Iullus ist der ca. 44/43 geborene Sohn des Triumvirn M. Antonius (von Fulvia); von seiner Stiefmutter Octavia (↗ zu Kap. 3 a) erzogen und mit deren Tochter (= der Nichte des Augustus) verheiratet, spielte er am Hof zeitweise eine wichtige Rolle; Horaz widmete ihm die Ode 4, 2. (Balsdon 94)

5 **Abducta Neroni uxor**: Livia hatte von (Tiberius Claudius) Nero bereits den späteren Kaiser Tiberius und erwartete den Drusus († 9 v.). Nero war ein Parteigänger von M. und L. Antonius. Bei der Trennung der Livia von Tiberius erklärten die *pontifices,* zu denen Octavian selbst gehörte, es bestehe kein Ehehindernis, da die Vaterschaft des zu erwartenden Kindes geklärt sei. Am 17. Jan. 38 fand die Heirat mit Octavian statt — unmittelbar nachdem dessen zweite Frau Scribonia (eine Verwandte des Sex. Pompejus) Augustus' einziges Kind Julia geboren hatte. Octavians Ehe mit Livia war eine „Liebesheirat", die beiden vorangegangenen waren politische Ehen, die erste mit Clodia (der Tochter der Fulvia) eine Scheinehe. (Balsdon 198)
Q. Vitellius: 17 n. von Tiberius aus dem Senat ausgestoßen; Onkel des dritten Kaisers im sog. Vierkaiserjahr (Sueton, Vitellius 2, 2).
P. **Vedius Pollio**: Reicher Freund des Augustus; er soll seine Muränen (gefräßige Fische) mit Sklaven gefüttert haben, was Augustus zu einem strengen Exempel veranlasste (Seneca, de ira 3, 40).
Livia gravis in rem publicam mater, gravius domui Caesarum noverca: ↗ zu Kap. 3c; 4–Ende; Kap. 5; 6–Ende.

6 **Nihil deorum honoribus relictum** . . .: Aug. erstrebte keine göttlichen Ehren wie Caligula und Domitian, sondern gab nur dem starken Drängen z. T. nach (↗ Fr 3). Am 17. Jan. 9 n. weihte Tiberius in Rom eine *ara numinis Augusti* (Kornemann, Tib. 47); auch den *genius Augusti* verehrte man.

7 **comparatione deterrima**: Diese Deutung kennen auch Cassius Dio 46, 45, 3 und Sueton, Tib. 21, 2–3; Letzterer wehrt sich ausdrücklich gegen eine solche Unterstellung — wie auch die heutige Fachwissenschaft. Nach Sueton nannte Augustus den Tiberius *peritissimum rei militaris* und *unicum populi Romani praesidium.*

8 **templum et caelestes religiones**: Erst in der 2. Senatssitzung am 17. Sept. 14 n., in der man die Wahl des neuen Princeps verhandelte (ann. 1, 11–13). Z. T. datiert man den Beginn von Tiberius' Prinzipat auf Oktober (Kornemann, Tib. 241). Der Tempel lag beim Castor-Tempel, auf dem Forum.

Fr 1. Erläutern Sie *proscriptionem civium* (§ 2) durch Heranziehung von Sueton, Aug. 27, 1: *Triumviratum rei publicae constituendae per decem annos administravit; in quo restitit quidem aliquam-diu collegis, ne qua fieret proscriptio, sed inceptam utroque acerbius exercuit.*
2. Verdeutlichen Sie die Worte *pacem* . . . *cruentam* (§ 3)
a) durch 2, 1 und 3, 7 *domi res tranquillae*,
b) durch eine Vorstellung der *ara pacis* (vgl. Coarelli 270–275)!
3. *cum se templis et effigie numinum* . . . *coli vellet* (§ 6): Erläutern Sie die Aussage durch zwei Kurzreferate: a) Sueton, Aug. 52,
b) Ogilvie, R. M.: . . . und bauten die Tempel wieder auf. Stuttgart 1982; Kap. Religion und Staat zur Zeit des Augustus, S. 138–151.
4. Diskutieren Sie das Urteil des Tacitus-Kommentators Goodyear, das er zwar auf die Kap. 1, 11–13 bezieht, das aber auch auf die Kap. 1, 1–10 passt: (It) is a literary masterpiece, but it is as the same time very imperfect history. (Vgl. Städele [Auxilia 39] 135/7)

5. 2 Der Anfang von Neros Prinzipat (13, 1–6) (↗ 6. 2. 2. 6)

1 Die beiden ersten Taten des neuen Prinzeps

1 **Prima** . . . **mors** . . .: ↗ Fr 1/2. Auch B. 12 beginnt mit dem Hinweis auf einen Mord (*caede Messalinae*: i. J. 48). Die Angst vor dem möglichen Thronprätendenten treibt viele Herrscher bei Tac. zum Mord; aber auch in anderen Epochen handelten Herrscher oft so; Pöschl (1972) 16 nennt die Merowinger, das osmanische Reich und die modernen Diktaturen.
M. **Iunius Silanus** . . . **Augusti abnepos** (↗ Stammbaum 1): Trotz seines Konsulats i. J. 46 war er erst 40 Jahre alt (*virum aetate compositā*). Sein gleichnamiger Vater wurde 38 n. hingerichtet (↗ zu Agr. 4, 1). Sein Bruder *Lucius* war mit Claudius' Tochter Octavia verlobt worden (12, 3). Durch Agrippinas Intrigen aller Würden beraubt, ohne Braut und durch einen Inzestprozess bedroht, gab er sich den Tod (12, 8).
ignaro Nerone: Plinius d. Ä. nennt 7, 58 Nero als den Schuldigen.

C. Caesar: Kaiser Caligula (37–41), der Großneffe des Tiberius, heißt in den Quellen i. Allg. *Gaius/C.* (z. B. 1, 1, 2; Agr. 4, 1); *Caligula* ist der Spitzname, den ihm die Soldaten seines Vaters Germanicus gegeben haben (Sueton, Caligula 9, 1).

2 **P. Celer**: *procurator Caesaris* (~ *rei familiari principis . . . impositus*); in Kleinasien 57 von den Provinzialen wegen Erpressung angeklagt.

Helius: Ebenfalls kaiserlicher Prokurator, später Neros Vertreter in Italien bei dessen Griechenlandreise; von Ks Galba 68 hingerichtet.

venenum inter epulas datum: Das erinnert an den Tod des Claudius; Agrippina bediente sich der damals gerissensten Giftmischerin Locusta.

3 **Narcissus**: Unter Claudius einer der einflussreichsten Freigelassenen, mit der Durchsicht der Bittschriften (*ab epistulis*) betraut; i. J. 48 hatte er auch die *quaestoria insignia* erhalten (11, 38).

de cuius iurgiis adversus Agrippinam rettuli: Agrippina hasste ihn, da er bei den Beratungen über Claudius' Wiederverheiratung die Erneuerung der zweiten Ehe (aus der die Tochter Antonia stammte) empfohlen (12, 1 f.) und sich bei der Ermordung von Agrippinas Schwägerin Domitia Lepida widersetzt hatte (12, 64 f.). Schon hier ahnte Narcissus sein nahes Ende und versuchte daher, Claudius' leiblichen Sohn Britannicus zu unterstützen.

necessitate extremā: Er wurde mit der Exekution bedroht.

cuius abditis adhuc vitiis: Neros angeborene Laster kommen erst allmählich zum Durchbruch (vgl. 13, 47 und 14, 13); ähnlich beurteilt Tac. den Charakter des Tiberius (↗ zu 13, 4, 1: *discordiis*).

avaritiam: 12, 57 beschuldigte ihn Agrippina *cupidinis ac praedarum.*

prodigentiam: Sein Reichtum umfasste 400 Millionen HS, d. h. mehr als das Doppelte von Augustus' Hinterlassenschaft (↗ zu 1, 8, 2).

Fr 1. Der Anfang des ersten Satzes (bis *paratur*) knüpft an 1, 6, 1 an; welche neue Deutung ergibt sich damit für diese Stelle?
2. Inwiefern sind Kapitel-Anfang und -Ende aufeinander bezogen?
3. Welchen Kunstgriff wendet Tac. bei *crebrā vulgi famā* (§ 1) an?

2 Die Machtverhältnisse an Neros Kaiserhof

1 **Ibaturque in caedes**: Auf Agrippinas Konto gehen — abgesehen von Kap. 1 — u. a. schon der Tod ihres zweiten Gemahls (C. Sallustius Crispus) Passienus (des Adoptivsohns des 1, 6, 3 erwähnten Sallustius Crispus), ihrer Schwägerin Domitia Lepida, die auf ihren Neffen Nero großen Einfluss hatte und in deren Haus dieser während Agrippinas Verbannung (38–41) gelebt hatte, und des Claudius.

S. **Afranius Burrus**: Procurator unter Livia, Tiberius und Claudius; 51 wurde er alleiniger Prätorianerpräfekt durch Agrippina (12, 42) und bald ihre Hauptstütze. Er inszenierte die Akklamation der Garde für Nero; der Ermordung Agrippinas stand er im Wesentlichen fern und wollte Octavias Verstoßung verhindern. Zu seinem Tod ↗ zu 14, 52, 1.

L. **Annaeus Seneca . . . praeceptis eloquentiae**: Der 49 aus dem Exil zurückgerufene Seneca (ca. 4 v.–65 n.) übernahm die Leitung von Neros Erzie-

hung (12, 8); da dieser schon zwei Lehrer in der Philosophie hatte, sollte sich Seneca auf die Rhetorik beschränken. Durch die Rückberufung rechnete Agrippina auf Senecas ewige Dankbarkeit (12, 8); ↗ Fr 1.
voluptatibus concessis: Neros bekannte Neigungen für die Zirkusspiele (wie schon sein Ururgroßvater M. Antonius), für das Nachtleben mit Schlägereien (auch sein Vater war sehr brutal), für Liebschaften (vor allem mit der Freigelassenen Akte); ↗ auch 13, 3, 3.

2 **Certamen . . . contra ferociam Agrippinae**: Sie erreichen ihr Ziel, die politische Ausschaltung der geld- und machtgierigen Agrippina. „Mutter und Sohn ‚herrschten', aber den Staat regierten Seneca und Burrus." (Kornemann, Agripp. 241) Diese Konstellation gilt bis zu ihrem Tod (59).
Pallas: Seit 31 Freigelassener am Kaiserhof, unter Claudius „Finanzminister" (*a rationibus*) und Inhaber der *ornamenta praetoria,* spielte er den großen Herrn (*arbitrium regni agebat*: 13, 14, 1). Er hatte Agrippinas Hochzeit mit ihrem Onkel (*nuptiis incestis*) und Neros Adoption ermöglicht und als Agrippinas Liebhaber damals alle kaiserlichen Freigelassenen überflügelt. Nero, der sich gegen das Freigelassenenregiment unter Claudius wehrte, nahm ihm 55 seine Ämter (13, 14) und ließ ihn wegen seines Reichtums von ca. 300 Millionen HS töten.

3 **signum . . . tribuno . . . optimae matris**: Ausdruck der damals noch guten Beziehung zur Mutter. Dass kurz nach dem Tod des alten Princeps der Tribun der Garde vom neuen Machthaber die Parole erbittet, ist eine der vielen Parallelen zu den Vorgängen um Augustus' Tod (1, 7, 5).
duo lictores: Der Livia hatte Tiberius nicht einmal einen Liktor bewilligt.
flamonium — censorium funus — consecratio: Diese Ehrungen entsprechen ganz den Ehrungen des Augustus durch Livia, der Agrippina damals ganz nacheiferte. Sie wird *flaminica* des vergöttlichten Claudius.

Fr 1. Verfolgen Sie ab jetzt Senecas Rolle und ihre Deutung bei Tacitus!
2. Nach Trajan ist das *quinquennium Neronis* (54–59) die glücklichste Zeit des Prinzipats; belegen Sie dieses Urteil am Text!
3. Skizzieren Sie kurz die Verhältnisse bei Hofe (mit Namen u. Pfeilen)!

3 „laudatio funebris" für den Kaiser Claudius

1 **antiquitatem generis**: Die Claudier leiteten ihr Geschlecht von dem Sabiner Clausus ab, der *post reges exactos sexto fere anno* (Sueton, Tiberius 1, 1) nach Rom gekommen sein soll; ↗ zu Liv. 3, 33, 7.
liberalium . . . artium commemoratio: Auch Tiberius kannte diese Neigung des Claudius, doch schloss er ihn als Nachfolger wegen seiner *imminuta mens* aus (6, 46). Nach Sueton, Claudius 41 f. verfasste Claudius u. a. in lateinischer und griechischer Sprache eine Reihe von Geschichtswerken, u. zw. über die Zeit nach 44 v. bzw. ab 31 v. (↗ auch E 12).
providentiam sapientiamque: Tatsächlich war Claudius vergesslich und stark von der Meinung seiner Frauen und Freigelassenen abhängig; er war sehr um die Rechtsprechung bemüht, doch fehlten ihm nach Augustus

Weitblick und Überlegenheit eines Kaisers (Sueton, Claudius 4). Deutliche Kritik an Claudius übt Seneca in seiner Schrift ‚Apokolokyntosis' („Verkürbissung" — einer Satire auf die Apotheose des Claudius).
Seneca . . . ingenium amoenum . . .: Senecas Stil — Meidung regelmäßiger Perioden, ansonsten rhetorisch ausgefeilt mit überraschenden Wendungen — entsprach dem Zeitgeist; die Besinnung auf Ciceros Stil kam erst später, z. B. mit Quintilian und den Archaisten des 2. Jh. n.

2 **Caesar**: Er war auch ein gefeierter Redner und setzte das Wort gezielt als Waffe ein; z. B. schrieb er nach Ciceros ‚Cato' einen ‚Anticato'.
Augustus: Er betrieb fleißig die *studia liberalia* und besonders die Redekunst, konnte zwar auch aus dem Stegreif reden, verfasste aber allmählich alles schriftlich und las es vor; besonderen Wert legte er auf die Klarheit seiner Aussage (Sueton, Aug. 84 und 86).
Tiberius artem . . . callebat: Die Deutung von Tiberius' bedächtigem Reden ist umstritten: Tac. deutet es negativ, moderne Historiker sehen darin z. T. eine Folge innerer Hemmungen.
C. Caesaris turbata mens: Caligulas z. T. sehr unberechenbare Art grenzte an Wahnsinn. Sueton, Cal. 10 erwähnt seine *laudatio funebris* auf seine Urgroßmutter Livia (29 n., also im Alter von 17 Jahren gehalten). Caligula war bei seinen Studien besonders um die *eloquentia* bemüht, dabei aber zu leidenschaftlich, und verachtete den fein geglätteten Stil (z. B. gerade den des Seneca): Sueton, Cal. 53.
Claudio . . . meditata: Wie Augustus, der ohnehin sein Vorbild war.

3 **Nero . . . vividum animum in alia detorsit**: Ähnliches berichtet Sueton, Nero 52; er „berührte" viele Gebiete, besonders die Dichtkunst. Der Gesang war ihm zeitweise — neben den Pferden — das Wichtigste.

Fr 1. Skizzieren Sie mit eigenen Begriffen den Inhalt von Neros Rede!
2. Wo innerhalb von 1, 1–10 dienen die Äußerungen der *seniores* zur indirekten Charakterisierung?

4 Thronrede — Regierungsprogramm Neros

Tac. hat den Stil ganz seinem Werk angepasst. Nach Dio Cassius wurde die Rede auf eine silberne Säule eingraviert und jährlich verlesen.

1 **Ceterum peractis tristitiae imitamentis**: Der Übergang — durch Lautmalerei herausgehoben — ist wie 1, 10, 8 formuliert.
consilia: Es sind besonders Seneca und Burrus gemeint.
domesticis discordiis: Der Streit zwischen Tiberius und Livia. Die Parallele zu Nero und Agrippina ist für die Gestaltung von Tiberius' Regierungszeit durch Tacitus prägend; das negative Livia-Bild ist offensichtlich beeinflusst von Agrippinas ‚Commentarii', die Tacitus, ann. 4, 53 erwähnt.

2 **clausis unam intra domum accusatoribus et reis**: Der Kaiserpalast ist seit Tiberius Ort von Kriminalfällen; unter Claudius mehren sich Prozesse unter Ausschluss der Öffentlichkeit.

venale: D. h. Verkauf von Privilegien durch Messalina und die *liberti.*
antiqua munia: Gesetzgebung, Wahl der alten republikanischen Beamten, Kriminalgerichtsbarkeit über Senatoren, Oberleitung über alle noch vorhandenen Reste republikanischer Staatsform.
publicae provinciae: Ungewöhnliche Bezeichnung für die senatorischen, d. h. befriedeten und meist nicht an der Grenze gelegenen Provinzen.
mandatis exercitibus: Nero hatte seit 51 ein *proconsulare imperium extra urbem* (12, 41), d. h. über die Truppen der (Grenz-)Provinzen.

Fr 1. Welchen Eindruck konnten die Senatoren von der Rede haben?
2. a) Welche Kaiser werden kritisiert und durch welche Äußerungen?
b) Wer ist mit *paucorum potentia* (§ 2) gemeint?
c) Vergleichen Sie mit Neros Rede Suet., Nero 10, 1: *ex Augusti praescripto* (Weisung) *imperaturum se professus, neque liberalitatis neque clementiae ne comi-tatis quidem exhibendae* (zeigen) *ullam occasionem omisit.*

5 Schwindender Einfluss der Agrippina

1 **Nec defuit fides**: Diese günstige Beurteilung enthält auch das Wort von Kaiser Trajan vom glücklichen *quinquennium Neronis.*
Ne quis ad causam orandam . . . emeretur: Damit wird ein Gesetz des Claudius vom Jahre 47 (ann. 11, 7) abgeändert, nach dem ein nachträgliches Honoror für geleisteten Rechtsbeistand (ohne vorherige Absprache) bezahlt werden konnte, aber nicht musste; es durfte jedenfalls höchstens 10.000 HS betragen. Damit sollte damals die Bestechung während des Prozesses ausgeschaltet werden. Jetzt greift man auf ein Gesetz aus dem Jahre 204 v. zurück, das alle Geschenke für die Prozessführung untersagt hatte (ann. 11, 5–Ende; Plinius, ep. 5, 9, 4).
edendi gladiatores necessitas: Ein Edikt des Claudius vom Jahre 47 (ann. 11, 22, 2), das Domitian später erneuerte.
Palatium: Wohl in der Bibliothek.

2 **Armeniorum causam**: Die Armenier, unter römischer Klientel stehend, erbaten Hilfe gegen Roms Hauptfeind im Osten, die Parther (↗ Kap. 6).
escendere suggestum imperatoris: Unter Claudius saß Agrippina *haud procul alio suggestu* und gab sich als *parti* (PPP) *a maioribus suis imperii sociam* (12, 37). Jetzt beansprucht sie die Mitregentschaft. Nach anderen Berichten wird die Audienz abgebrochen (vgl. Kornemann, Agrippina 240). Ab 56 nimmt Agrippinas Einfluss deutlicher ab: Sie verliert das Ehrenmünzrecht, ihre Leibwache und ihre Wohnung im Palast.
praesidere simul parabat: Während Livia Augusta oder Messalina bei Staatsempfängen ihren Ehrenplatz unter den Vestalinnen hatte, durfte Agrippina neben ihrem Bruder Caligula und später neben ihrem Gemahl und Onkel Claudius sitzen. Erst sie gebrauchte den „Namen *Augusta* wirklich nach seinem vollen Inhalt“ (Kornemann, Agrippina 229); als Erste erschien sie auf Münzen und trug bei Statuen Schleier und Diadem.

Fr 1. Wer veranstaltete im republikanischen Rom die *ludi*?
2. In welcher Funktion erscheint hier das *Palatium*?
3. a) Worin besteht die *species pietatis*? b) Was meint hier *occurrere?*
c) Was unterscheidet den letzten Satz vom vorausgehenden Kapitel?

6 Wie verhält sich Nero beim armenischen Feldzug?

1 **Fine anni**: Wörtlich zu nehmen wegen Neros Geburtstag am 15. 12.
rapi Armeniam . . . **pulso Radamisto**: Die armenische Pufferzone wurde sowohl von den östlichen Parthern als auch den nördlichen Hiberern, einem Kaukasusvolk, angegriffen. Das verschlagene und skrupellose Vorgehen des hiberischen Prinzen Radamistus samt seiner doppelten Vertreibung und abenteuerlichen Flucht hatte Tac. 12, 44–51 erzählt. Die in der Nähe stationierten römischen Truppen hatten bisher ihre Hilfspflicht für den Klientelstaat Armenien vernachlässigt.

2 **in urbe sermonum avida**: Das Volksgerede steht vor den Entscheidungen des Prinzeps und den Senatsdebatten; ↗ 1, 4, 2 ff. *varii rumores.*

3 **Cn. Pompeius**: 106 geboren, hatte er ab 84 ein eigenes Kommando, hatte aber schon 87 (vielleicht 89) unter seinem Vater gekämpft; u. U. rechnet Tac. mit dem Geburtsjahr 101, das auch Velleius 2, 53, 4 kennt.
Caesar Octavianus: Bei Übernahme seines ersten Kommandos (Okt. 44 v.) war er schon am Beginn seines 20. Lebensjahres.

4 **auspiciis**: Die Generäle kämpfen unter den Auspizien des Prinzeps.
amotā invidiā egregium . . .: Das Volk erwartet, dass Nero den Domitius Corbulo beauftrage, den Claudius zurückgesetzt hatte (11, 19 f.); tatsächlich wurde er gegen die Parther entsandt.

Fr 1. a) Was ist Tac. beim künftigen armenischen Feldzug das Wichtigste?
b) Wo hatte er einen ähnlichen Schwerpunkt gesetzt?
2. Welche Meinung über Nero hat nach Tac. mehr Gewicht und weshalb?

5. 3 Das Rededuell Seneca — Nero (14, 52–56) (↗ 6. 2. 2. 7)

52 Erschütterung von Senecas Machtstellung — seine Neider

1 **Mors Burri**: Tac lässt es offen, ob Burrus' Tod durch Krankheit oder durch Gift eintrat (14, 51, 1). Der Tod von Personen, die einem Herrscher nahe standen, bewirkt bei diesem oft Veränderungen — besonders bei Tiberius der Tod von Germanicus, Livia und Sejan (vgl. Klingner: 6.2.2.5).
infregit Senecae potentiam: Der Rückgang von Senecas Macht — durch die Voranstellung des Verbums *infregit* betont — bahnt sich schon länger an, etwa bei den Konsulwahlen für die Jahre 61 und 62 (Syme).

2 **variis criminationibus**: Die Seneca gemachten Vorwürfe stimmen z. T. mit den Anschuldigungen des Denunzianten Suillius (13, 42) überein, der die Riesensumme von 300 Millionen HS genannt hatte. Tac. scheint sich von den Anklagepunkten etwas zu distanzieren (↗ 53, 1 *honesti cura*); wohl unhaltbar ist der zweite Punkt: *studia civium* . . .

3 **eloquentiae laudem uni sibi adsciscere**: Das musste Nero besonders treffen, da er sich bei der *laudatio fúnebris* auf Claudius (13, 3) der Rede Senecas bedient hatte. Seneca war schon unter Caligula ein gefeierter Redner; noch z. Z. von Quintilian las man seine Reden.
carmina . . . factitare: Damit sind indirekt Senecas Tragödien angesprochen; von anderen Gedichten ist so gut wie nichts erhalten.
postquam Neroni amor eorum venisset: Nero hatte es als Abwechslung bei Gelagen eingeführt, mit jungen Dichtern Einzelverse zu Gedichten zusammenzufügen oder Einzelsätze in Versform zu bringen (14, 16).

Fr 1. Inwiefern sind schon die Worte in 52, 2 für Neros Ohren bestimmt?
2. Welche Gefühle wollen die Denunzianten in Nero wecken?

53/54 Senecas Rede während der Privataudienz bei Nero

Reden — auch solche, über deren Inhalt man nichts Genaueres wissen kann (Privataudienz!) — gehören seit Thukydides zur Geschichtsschreibung. Sie sind bei gewissenhaft arbeitenden Autoren nach dem Charakter der Redner oder der Besonderheit der Situation verfasst, enthalten notgedrungen subjektive Elemente und gewähren damit auch Einblick in die Denkweise des Verfassers. Auch der Stil der Reden ist mehr der Stil des Geschichtsschreibers als der des Redners (↗ E 10. 2/3).
Auch Redenpaare sind nicht selten (↗ Agricola 30–32 und 33–34); bei einem solchen Wettstreit — den die griech. Tragödie liebt — erweist sich die zweite Rede schon durch die Platzierung als die siegreiche; ↗ die beiden indirekten Reden bei Augustus' Begräbnis (1, 9–10).

53,2 **tantum honorum atque opum**: Seneca war (wohl 56) *cos. suffectus*; bei *opes* ist an Geldgeschenke bzw. Immobilien (*domus, villae*) zu denken.
felicitati meae: Der Begriff *felicitas*, in den Annalen nur zweimal belegt, weist wohl auf die Gedankenwelt des Philosophen Seneca, vgl. epist. 74, 18 *ipsa se felicitas, nisi temperatur, premit.*

3 **Utar magnis exemplis**: Der Hinweis auf Augustus ist passend gewählt, da Nero Augustus als sein Vorbild hinstellte (↗ zu 13, 4 mit Fr 2 c), ihm aber nur sehr bedingt nacheiferte. Durch die Nennung des Augustus ergibt sich die Erwähnung von Agrippa und Maecenas, die in ihrer Stellung zum *princeps* nicht genau mit der des Seneca zu vergleichen sind; zu Agrippa würde allenfalls der eben verstorbene Burrus passen.
Marco Agrippae Mytilenense secretum: Agrippa (↗ zu 1, 3b) ging, um Auseinandersetzungen mit dem zunächst stärker begünstigten Marcellus (↗ zu 1, 3 a) zu vermeiden, nach Mytilene und ließ die östlichen Provinzen durch seine Legaten leiten. Das Gerücht verglich später diesen Inselaufenthalt mit Tiberius' Exil auf Rhodos, der sich auch übergangen fühlte.
C. Maecenati: Ca. 70–8 v.; der Förderer von Vergil und Horaz. Ohne militärischen Ehrgeiz lebte er meist in seiner römischen Villa auf dem Esquilin, wurde aber von Augustus für wichtige Verhandlungen herangezogen (z. B. beim Vertrag von Brundisium: ↗ zu 1, 10, 3) und zweimal in der Abwesenheit des Augustus mit der Stadtpräfektur bedacht.

4 **claritudo** (W): Über *claritas* (Agr. 45, 3) und *claritudo* ↗ zu 15, 52, 2.
5 **gratiam**: Seneca hatte politischen Einfluss als Ratgeber und Staatslenker.
equestri et provinciali loco ortus: Seneca stammte aus dem spanischen Corduba (heute Cordova); sein Vater — der sog. Ältere Seneca (ca. 55 v.–40 n.) — war Ritter und nur zweimal in Rom; er verfasste ein verlorenes Geschichtswerk (↗ E 12) und ein z. T. erhaltenes Werk über zeitgenössische Redner, das die Praxis der Redeschulen deutlich macht.
exstruit: Wegen der in den Anlagen befindlichen Gebäude.
sub-urbana: Bei Rom (↗ 15, 60, 4) und in Kampanien.

Fr 1. In der nach 62 verfassten Schrift ‚De tranquillitate animi' schreibt Sen. 8, 5: *an parum beate degant (dei immortales), quod illis nec praedia* (Landgüter) *nec horti sint nec alieno colono rura preti-osa nec grande in foro faenus?* Welches Licht fällt damit auf Kap. 53?
2. Welche *homines novi* kennen Sie aus der römischen Geschichte?

54 Senecas konkreter Vorschlag und seine Begründung

1 **Quae . . . infra tuam magnitudinem iacet**: Der Neid der Menschen gegen Seneca berührt Nero nicht und lässt ihn seine Großzügigkeit nicht bereuen; Seneca appelliert wohl an Neros *magnitudo animi* (13, 50, 2) — eine typische Herrschertugend.
2 **in militia . . . via . . . itinere vitae**: Wie Seneca in den Briefen und Dialogen seine Gedanken oft durch *exempla* verdeutlicht (etwa auch Agrippa und Maecenas in der Schrift de beneficiis 6, 32 verbindet), so auch durch Vergleiche; dabei tauchen Wendungen aus dem Militärdienst und die Metapher des (Lebens-)Weges oft auf.
3 **in animum revocabo**: Der Gedanke, die durch Reduzierung der (Finanz)-Geschäfte gewonnene Zeit (erneut) der Vervollkommnung des *animus* zu widmen, ist typisch für Seneca.

Fr 1. Wie ist in Kap. 54 der Begriff *amicus* platziert?
2. a) Inwiefern ist für Senecas Rede *moderatio* ein Zentralbegriff?
b) Belegen Sie, dass die Rede keineswegs Unterwürfigkeit zeigt!
3. Woraus wird deutlich, dass Seneca von den Anschuldigungen gegen ihn genaue Kenntnis hatte (53, 1 *prodentibus* . . .)?
4. Zeigen Sie, dass 54, 3 wichtige Punkte der Rede nochmals berührt!

55-56 Neros Antwort

Neros Rede — trotz des (mehr formelhaften) *ferme* wohl ganz eine literarische Leistung des Tacitus — gibt sich freundlich, ist aber voll von „Ironie und Sarkasmus" (Koestermann).

55,2 **neutrum . . . praemiis exuit**: Erste deutliche Kritik an Senecas Rede.
3 **in iis . . . iuventa Augusti**: Zunächst die Zeit 43–30 v.; aber auch später nahm Augustus am Krieg teil — deutlich älter als Nero jetzt.
5 **libertinos**: Etwa Narcissus und Pallas (↗ zu 13, 1–2).

Fr 1. Welche wichtigen Punkte der Seneca-Rede nimmt Kap. 55 auf?
2. Wie betont Nero Senecas Verdienste inhaltlich und sprachlich?
3. Welche Begriffe verwendet Nero, ohne sie ernst zu nehmen?
4. Wie ist der Hinweis auf Senecas Kampfbereitschaft (§ 3) zu werten?

56,1 **valida aetas**: Seneca erfreute sich noch drei Jahre guter Gesundheit; im Jahre 65 traute man ihm eine führende Stellung zu (15, 65).
rebusque . . . sufficiens: ↗ 54, 2 *levissimis quoque curis impar.*
L. **Vitellius**: Vater des Ks vom J. 69; Bruder des Quintus von 1, 10, 5; Schmeichler und Günstling des Claudius, 47 zum dritten Mal Konsul.
L. **Volusius**: War nach verschiedenen anderen Aufgaben *praefectus urbi;* er starb 56 n. im Alter von 93 Jahren im Besitz von *praecipuae opes* (13, 30). Passend wählt Nero ein Beispiel aus der Zeit des Claudius; denn diesen dem Nero vorzuziehen, wäre äußerst taktlos.
lubricum adulescentiae: Hier knüpft Tac. an seine eigene Formulierung von 13, 2, 1 *lubricam principis aetatem* an.

3 **factus naturā et consuetudine exercitus velare odium** . . .: In seiner Verstellung (durch Chiasmus unterstrichen) erinnert Nero deutlich an Tiberius 1, 11, 2 *seu naturā sive ad-suetudine suspensa semper et obscura verba.* (Zur Parallelisierung Nero — Tiberius ↗ zu 13, 4, 1).
dominante: Wohl absichtlich statt *principe* in der Seneca-Rede.
instituta prioris potentiae (wie 52, 1) **commutat** . . .: Seneca lebt viel auf seinen Landgütern, die ihm der Kaiser nicht nahm, und übt im Essen und Trinken größte Zurückhaltung (15, 45, 3).
comitantīs: Freunde/Klienten beim Erscheinen in der Öffentlichkeit.
sapientiae studiis: In den Jahren 62–65 entstehen mehrere Werke, u. a. ‚De otio', ‚De tranquillitate animi', ‚Epistulae morales'.

Fr 1. Inwiefern ist 56, 1 auf 54, 1 bzw. auf das ganze Kap. 54 bezogen?
2. a) Welche (fünf) Begriffe Senecas weist Nero in 56, 2 zurück?
b) Inwiefern trifft seine Antwort dabei einen richtigen Punkt?
3. Weswegen könnte Nero den Seneca (jetzt) „hassen" (56, 3)?

5. 4 Die Pisonische Verschwörung (15, 48–64 [74]) (↗ 6. 2. 2. 8)

Die Verschwörung des C. Calpurnius Piso und seiner Anhänger gegen Nero wird durch eine Ankündigung am Ende von B. 14 und durch eine Reihe von Vorzeichen (47, 2) vorbereitet; sie bildet das entscheidende Ereignis des Jahres 65 (27 von 40 Kapiteln) und schließt mit dem Ende von B. 15. Dagegen beschränkt der griech. Geschichtsschreiber Dio Cassius (2./3. Jh.) den Sachverhalt auf nur zwei Kapitel (Text bei Suerbaum 220 mit englischer Übersetzung) und beleuchtet vor allem Tod und Verderben der Verschwörer. Die Gründe für den Fehlschlag untersucht bereits Machiavelli ausführlich: Discorsi sopra la prima deca (Dekade) di Tito Livio, III 6 Delle congiure (Gliederung der 20 Seiten bei Suerbaum 193 f.).
Der folgende Überblick gibt besonders wichtige Teile durch Halbfette, unwichtigere in Klammern an:

48: Weite Verbreitung der Verschwörung — Pisos schillernder Charakter.
49: Drei Paare von Teilnehmern (ohne latein. Text).
50: Beteiligte Ritter und Prätorianer; Heraushebung des Faenius Rufus.
51: *Epicharis* treibt das Unternehmen voran und weiht den Nauarchen Volusius Proculus ein, wird aber verhaftet (ohne Beweise).
52: Genauer Plan, gegen den sich Piso ausspricht.
53: Neuer Plan: Attentat bei den Ceresspielen; Verteilung der Rollen.
54: Scaevinus' auffälliges Treiben weckt den Verdacht des Milichus.
55: Anzeige des Milichus und entschlossene Verteidigung des Scaevinus.
56: Verhör und Folter des Antonius Natalis; Beginn der Aufdeckung.
57: Standhaftigkeit und Selbstmord der *Epicharis*.
58: Verhaftungswelle; letzte Chance durch Subrius Flavus.
59: Versuche, Piso anzuspornen; Pisos Feigheit und sein Testament.
60–64: Verhaftung und Tod des Seneca.
(65: Gerücht, Seneca sei als Ersatzmann für Piso vorgesehen gewesen.
66: Der Prätorianerpräfekt Faenius Fufus verrät sich selbst.
67: Mannhaftes Wort und Sterben des Subrius Flavus.
68, 1: Haltung und Tod des Sulpicius Asper.
68, 2–69: Vestinus (*non conscius*) wird von Nero zum Tod gezwungen.
70: Tod des Dichters Lukan, des Neffen von Seneca.
71: Katalog von Namen: Freisprüche und Verbannungen.
72: Belohnungen — Heraushebung des Nymphidicus.
73: Nero im Senat; Gefahr für Iunius Gallio, Senecas Bruder.
74: Dank an die Götter für Neros Rettung.)

48 Beginn der Verschwörung — Pisos Charakter

1 **Silius** (*Silianus?*) **Nerva**: Mehrere seiner Verwandten waren Konsuln.
Atticus Vestīnus: Wohl Sohn eines durch Claudius ausgezeichneten Provinzialen aus dem gallischen Vienna. Er fällt Kap. 69 Neros Rachsucht zum Opfer. Nach Sueton (Nero 35, 1) wollte Nero seine Frau Statilia Messalina für sich (*qua ut poteretur* [nkl. nach der 3. Konj.], *virum . . . trucidavit*).
coepta simul et aucta coniuratione: Schon die Schluss-Sätze von B. 14 (14, 65) erwähnen die Verschwörung: *unde Pisoni timor (erat) et orta (est) insidiarum in Neronem magna moles et in-propera*; diese Formulierung meint aber keinen früheren Beginn (62).
senatores eques miles, feminae etiam: Vgl. die Kap. 49–51.
2 **C.** *Calpurnius* **Piso**: Aus alter Familie stammend, war er durch Caligula, der ihm 38 am Hochzeitstag die Frau entführte, verbannt, dann durch Claudius zurückberufen sowie durch Konsulat und Statthalterschaft geehrt worden. Die erhaltene anonyme Schrift ‚Panegyricus in Pisonem' und sonstige Erwähnungen bestätigen die günstigen Andeutungen über ihn, die Tac. freilich dann stark einschränkt.
3 **ignotis**: Der etwas überraschende Dativ (abhängig von *comi sermone . . .*) wurde z. T. durch (*adversum*) *ignotos*, z. T. durch *in ignotis* ersetzt.
corpus procērum, decōra facies: Auch beim Vergleich Nero/Galba sagt

Tac. (hist. 1, 7, 3), man beurteile Kaiser nach ihrem Äußeren: *imperatores formā ac décore corporis, ut est mos volgi, comparantibus.*
Pisos Charakteristik legt der Barockdichter Lohenstein in seinem Drama ‚Epicharis' (1665) zwei Personen in den Mund (Text bei Suerbaum 202).
in tanta vitiorum dulcedine . . .: Mehrfach schließen die Kapitel (deren Einteilung zwar erst am Beginn des 17. Jh. eingeführt wurde, aber meist natürlichen, von Tac. selbst gemachten Einschnitten entspricht) mit einem kommentierenden Zusatz von Tac. (auch 50. 53. 57. 59); aber auch sonst spart Tac. nicht mit „Seitenhieben" (Suerbaum 177).

Fr 1. a) Welchen Eindruck vermittelt die Charakteristik Pisos?
b) Wie gestaltet Tac. diese Charakteristik stilistisch?
2. Welche Einstellung des Tac. zeigt sich im Schluss-Satz des Kapitels?

49 Tac. kann nicht sagen, wer den Anstoß zu der Verschwörung gab (§ 1); in § 2–4 stellt er drei Paare von Verschwörern vor; ihre Bedeutung nimmt jeweils ab, die Bemerkungen über sie werden dagegen immer länger:
2 Zwei entschlossene Prätorianer, der Tribun Subrius Flavus und der Zenturio Sulpicius Asper, deren *constantia exitūs* vorbereitet wird.
3 Glühender persönlicher Hass verbindet den Dichter Lucan (↗ E 12) und den designierten Konsul Plautius Lateranus.
4 Zwei Senatoren von zweifelhaftem Ruf: Flavius Scaevinus (wichtig ab Kap. 53) und Afranius Quintanus (er bleibt eine Nebenfigur).
Den Verschwörern fehlt ein gemeinsames Ziel; bei ihnen herrschen persönliche und moralische Gesichtspunkte vor, nicht politische (Suerbaum).

50 Weitere Teilnehmer an der Verschwörung — Faenius Rufus

1 **scelera principis**: Dieses Stichwort erscheint mit Abwandlungen öfter während der Verschwörung; in den früheren Büchern, vor allem bis zum Jahre 62, war Nero nicht so negativ gezeichnet worden.
Cervarius Proculus: Eine Nebenfigur, die nur noch 66, 2 erwähnt wird. Die sechs ausgesparten Personen sind uns großenteils unbekannt. Insgesamt hat man 41 Verschwörer gezählt, z. T. nur „Statisten".
Antonius Natalis: Nur mehrfach innerhalb der Verschwörung genannt.
2 **Senecio, e praecipua familiaritate**: Senecio — sein Vater war Freigelassener des Caligula (13, 12) — hatte Neros Freundschaft mit der Freigelassenen Akte begünstigt.
3 **Gavius Silvanus**: Aus Turin und Patron dieser Stadt.
Statius Proxumus: Er begeht 71, 2 trotz des Freispruchs Selbstmord.
Faenius Rufus: Er erweist sich später als schlimmer Versager. Die Liebschaft mit Agrippina (*adulterum*) ist eine unbeweisbare Unterstellung; richtig ist, dass er durch Agrippinas Einfluss *praefectus annonae* geworden war; dieses Amt verwaltete er ohne Eigennutz. Bei Volk und Garde stand er in gutem Ruf (14, 51).
Tigellinus: Wegen seines verbotenen Umgangs mit Agrippina von Claudius verbannt, konnte er wegen einer Erbschaft nach Italien zurückkehren und

eine Rennpferdezucht anlegen. Diese und seine *impudicitia* verschafften ihm Neros Gunst. Dieser machte ihn und Faenius nach dem Tod des Burrus (62) zum Prätorianerpräfekten (14, 51). Er wird bei Tac. allmählich zu Neros „bösem Geist". 68 beging er Selbstmord.

4 **cum ardente domo ... cursaret incustoditus:** *ardente domo* wurde z. T. getilgt, da es zum Brand Roms nicht passt. Vielleicht wird auf den nächtlichen Lichterglanz im Palast angespielt (Koestermann).
exstimulaverant: Tac. setzt oft den Plural bei getrennten Subjekten.

Fr 1. Wie deutet Tac. seine Kritik an den Verschwörern an?
2. Inwiefern unterscheiden sich Kap. 49 und 50 voneinander?

51 Epicharis

1 **cunctantibus** (R 9): Erg. *coniuratis*, obwohl *coniuratos* folgt. Diese auch bei Cäsar nicht seltene Form des abl. absolutus hebt den Partizip-Teil hervor.
Epicharis: Eine Freigelassene, außer Lucans Mutter die einzige Frau, die in der Verschwörung genannt wird (↗ zu 57, 1); hinter *feminae* (48, 1) verbergen sich aber vielleicht noch andere Frauen.
incertum, quonam modo sciscitata: Epicharis war nach dem griech. Schriftsteller Polyainos, der sein Werk ‚Stratēgiká' 162 n. dem Marc Aurel und seinem Mitkaiser Verus widmete, die Freundin des M. Annaeus Mela (↗ zu 56, 4), des Vaters von Lucan. Möglicherweise war die ganze Familie der Annäer (auch Seneca?) in die Verschwörung eingeweiht.
Misenensium: Misenum war seit Augustus ausgebauter Flottenstützpunkt; Plinius d. Ä. war 79 n. beim Vesuvausbruch hier Flottenkommandant.

2 **Volusius Proculus**: Nur bei der Pisonischen Verschwörung, nicht bei Agrippinas Ermordung (14, 1–9) genannt.
Puteolos: Puteoli (heute Pozzuoli) war eine reiche Hafen- und Villenstadt am Golf von Neapel (Kampanien), zeitweise wichtiger als Ostia.

3 **neque senatui quidquam manere**: Vgl. 13, 4, 2 Neros Thronrede.

4 **suspectante Nerone**: Zeigt die für Nero typische Furcht; umgekehrt hatte Nero 52, 1 zu Piso noch volles Vertrauen.

Fr 1. Inwiefern unterscheidet sich Kap. 51 deutlich von Kap. 49 f.?
2. Wie beurteilen Sie das Vorgehen der Epicharis?
3. a) Geben Sie zu § 2 *Is . . . conciliare* eine Satzanalyse!
b) Was ist stilistisch in dem Satz auffällig?
4. Welche Stileigentümlichkeit des Tac. enthält der letzte Satz?

52 Plan für das Attentat — Pisos Gegengründe

1 **Baias**: Bajä war für mindestens fünf Jahrhunderte der bekannteste Lustort mit zahlreichen Villen; Fisch- und Austernreichtum, mildes Klima und heiße Schwefeldämpfe förderten einen lebhaften Badebetrieb der höheren Gesellschaft, was zu häufiger Kritik führte.
crebro ventitabat: Diese Wortverbindung zeigt deutlich das Verblassen der Frequentativa, was besonders im Spätlatein üblich ist.

invidiam: Die Ermordung Neros, der als Germanicus-Enkel hohes Ansehen genoss, hätte wohl die Garde und mehr noch das Volk aufgebracht.
in illa invisa ... domo: Wohl die *domus aurea* (↗ zu 53, 1).

2 **L.** *Iunius* **Silanus** *Torquatus*: Sohn des von Agrippina ermordeten M. Silanus (13, 1), also Urururenkel des Augustus (*eximia nobilitate*). Er wurde verbannt und in Bari (Apulien) auf Neros Befehl ermordet (16, 7–9). Pisos Furcht war ziemlich unbegründet, da L. Silanus sehr zurückhaltend lebte (*intentior metu*: 16, 8); ↗ 6.1.1 (Stammbaum).
C. Cassius (*Longínus*): 30 Konsul und 45 Proprätor in Syrien. Damals der berühmteste Jurist (12, 12, 1) und Oberhaupt der Rechtsschule der Cassianer. Tac. lässt ihn 14, 43 f. eine Rede über die Bestrafung der Sklaven (↗ zu 54, 4) halten. Er wird 65 hochbetagt nach Sardinien verbannt, da er den Cäsarmörder Cassius unter seinen Vorfahren verehrt und damit eine prinzipatsfeindliche Gesinnung gehegt habe (16, 7–9). Er ist vermählt mit *Iunia Lepida*, der Tante des *L. Iunius Silanus*, deren Schwester 49–59 als Verbannte hatte leben müssen; ↗6.1.1 (Stammbaum).
claritudinem: In der klass. Prosa überwiegt bei weitem *claritas*; Tac. verwendet in seinen Schriften *claritas* immer seltener und *claritudo* immer häufiger, ebenso *firmitas/firmitudo.* Gellius (2. Jh. n.) meint, Substantive auf *-(i)tudo* seien *maioris dignitatis.* Ähnlich sind im Französischen die Wörter auf *-tude* literarischer (Löfstedt 90).
quique miserarentur Neronem ...: Nero konnte mit deutlichen Sympathien rechnen, besonders bei der *plebs sordida* und bei den Prätorianern (hist. 1, 4 f.). Das Nero-Bild innerhalb der Verschwörung ist zu düster (↗ zu 50, 1 *scelera principis*).

3 **sui muneris rem publicam faceret**: Er fürchtet also eine Situation wie nach Caligulas Tod (41 n.); eine Verfassungsänderung will er nicht.

Fr 1. Inwiefern präzisiert Kap. 52 Charakter und Motive des Piso?
2. Wie wird der Leser bisher den Erfolg der Verschwörung beurteilen?

53 Der Plan, das Attentat bei den Ceresspielen durchzuführen

1 **circensium ludorum die, qui Cereri celebratur**: Der letzte Tag der *Cerialia*/ des Ceresfestes (12.–19. April) wurde mit großartiger Prozession, Wagenrennen und Gladiatorenspielen (*ludi Ceriales*) gefeiert.
domo: Wohl die *domus aurea*; in den neun Monaten seit dem großen Brand Roms konnte bei dem von Nero vorangetriebenen Bautempo ein Teil der Anlage schon fertig sein.
hortis (↗ 55, 1): Die *horti Serviliani,* wohl zwischen Rom und Ostia.

2 **Ordinem insidiis composuerant ...**: Die Verschwörer nahmen sich die Ermordung Cäsars zum Vorbild: Ablenkung durch ein Bittgesuch — Überrumpelung — Hilfe durch die Gruppe (Sueton, Divus Iulius 82).
Ferentino in oppido: Wohl nicht das latinische Ferentinum im Land der Herniker, sondern eine gleichnamige Stadt nahe Viterbo (heute Ferentino). Dort stand offensichtlich ein Tempel der etruskischen *Nortia* (Liv. 7, 3, 7), die bald *Salus*, bald *Fortuna* genannt wurde; *in Etruria* ist eine Glosse.

pugionem ... detraxerat gestabatque ...: Scaevinus maß dem Schwert als einem Weihegeschenk besondere Kraft bei; ähnlich trug 69 Kaiser Vitellius bei der Akklamation das Schwert Cäsars, das jemand aus dem Marstempel entfernt hatte (Sueton, Vitellius 8, 1).

3 **Antonia**: Tochter des Claudius von seiner zweiten Frau Paetina. Nero lässt sie noch i. J. 65 wegen angeblicher Umsturzgelüste (Sueton, Nero 35, 4) töten, was aber keine Bestätigung des Berichts von Plinius sein muss.
C. Plinius: Der sog. Ältere Plinius; ↗ E 12. 3 und Fr 2.

4 **Nobis quoquo modo traditum non occultare ...**: Auch Liv. erzählt abweichende Überlieferungen trotz ihrer Unwahrscheinlichkeit.

Fr 1. a) Inwiefern unterscheidet sich der jetzige Plan von den früheren?
b) Welche politischen Überlegungen bestimmen Pisos Planungen?
c) Wie gelingt es Tac., die Spannung der Erzählung zu steigern?
2. Über seine Quellenbenutzung sagt Tacitus in ann. 13, 20 allgemein: *Nos consensum auctorum secuturi, quae diversa* (präd.) *prodiderint (memoriae), sub nominibus ipsorum trademus* (Tempus!).
a) Paraphrasieren Sie diesen Satz! b) Was ergibt sich aus dieser Äußerung und aus 15, 53, 4 über die Nachricht des Plinius?
3. Nehmen Sie Stellung zu Plinius' abweichender Darstellung, die Syme eine „silly story" nennt!

54 Die Unvorsichtigkeit des Scaevinus

1 **pridie insidiarum**: Am 18. April (↗ zu 53, 1).

2 **libertate ... donati**: Es gab grundsätzlich zwei Arten der Freilassung: eine offizielle (*iusta*) und eine inoffizielle (private).
Die **iusta manu-missio** erfolgte a) *per censum* (durch Aufnahme in die Bürgerlisten der Zensoren) b) *per vindictam* (feierliche Freisprechung durch den Konsul, Prätor oder den Statthalter) c) *per testamentum*; Freigelassene dieser Art erhielten dadurch das römische Bürgerrecht.
Die **manumissio per epistolam** geschah a) schriftlich (mit Unterschrift von fünf Zeugen) b) mündlich (*per amicos,* in Gegenwart von fünf Zeugen) c) *per convivium* (wozu der Sklave vom Herrn eigens beigezogen wurde); diese Freigelassenen erhielten weder das Bürgerrecht, noch wurden sie testamentsfähig (aktiv bzw. passiv); vgl. Draeger zu Tac., ann. 13, 26.

4 **servilis animus**: Das unehrerbietige Verhalten der *liberti* war erst im J. 56 Anlass zu einer Senatsdebatte gewesen (13, 26 *de fraudibus libertorum ... in-re-verent-iam),* so dass man zeitweise sogar erwog, bei schuldhaftem Verhalten die Freilassung rückgängig zu machen.
muliebre ac deterius: Tac. war kein Frauenfeind; er erwähnt öfter den Edelmut von Frauen (etwa Epicharis; Senecas Gattin); hist. 1, 3, 1 sagt er, Frauen hätten ihre Männer ins Exil begleitet. Hier geht es außerdem um eine Freigelassene, die dieselbe sklavische Gesinnung hegt wie ihr Mann.

Fr 1. Was erweckt an dem Verhalten des Scaevinus Verdacht?
2. Wo und wie äußert Tac. seine Betroffenheit?
3. a) Untersuchen Sie den ersten Satz von § 4 stilistisch!
b) Warum wird wohl gerade dieser Satz stilistisch ausgefeilt?

55 Die Verteidigung des Scaevinus

1 **in hortos Servilianos**: ↗ zu 53, 1.
Epaphrodítus: Er bekleidete seit ca. 62 bei Nero und später bei Domitian das Amt *a libellis*, d. h. er bearbeitete die Bittschriften; er stand Nero bei seinem Selbstmord bei, weswegen ihn dann Domitian ca. 95 töten ließ. Selbst gebildet, wurde er zum Förderer griechisch schreibender Autoren: Bis 94 lebte in seinem Haus sein früherer Sklave, der Stoiker Epiktet († ca. 135 n.); er regte den jüdischen Historiker Iosephus Flavius († nach 100 n.) zur Abfassung seiner ‚Jüdischen Archäologie' an; dieser widmete ihm mehrere Werke.
telum: Variation zu 53, 2 *pugio* und zu § 2 *ferrum*. Diesen Dolch weihte Nero später (74,2) mit der Inschrift *Iovi Vindici*. Tac. benützt die Gelegenheit, am Ende der fehlgeschlagenen Verschwörung (= im Schlusskapitel von B. 15) diese Worte als *praesagium* (Vorankündigung) *futurae ultionis* (W) zu bezeichnen.
2 **religione patria**: *patrius* heißt „väterlich, in der Familie", aber auch „heimatlich"; damit entfällt der inhaltliche Widerspruch zu 53, 2.
testamento diffideret: Die *manumissio per testamentum* (↗ zu 54, 2) war nur gültig bei Bezahlung aller Schulden; aber auch eine Freilassung zu Lebzeiten musste frei von Täuschungsabsicht der Gläubiger sein, sonst war eine Freilassung ungültig (Gaius 1, 47).
4 **nisi Milichum uxor admonuisset**: Man braucht keine zweite Vernehmung des Milichus anzunehmen (Koestermann). Seine Frau konnte ihm bei der Beratung 54, 4 dieses letzte Argument eingeschärft haben.
utrosque C. Pisonis intimos: Piso genießt noch Neros Vertrauen; denn dieser kommt 52, 1 ohne Begleitung in seine *villa*; doch war ihr Verhältnis nicht ganz ohne Verdachtsmomente: 14, 65, 2 erscheint Piso indirekt als *‚socius Senecae';* letzterer war Nero schon lästig geworden.

Fr 1. Inwiefern betonen in § 1 Stil und Wortwahl die Erregung des Milichus?
2. Wie dramatisiert Tac. die Erzählung in Kap. 55 (auch stilistisch)?

56 Erste Aussagen der Verschwörer

1 **tormentorum adspectum ac minas**: Die Folterung hoch gestellter Persönlichkeiten in einem Hochverratsprozess wird von Tiberius eingeführt (Sueton, Tiberius 62, 1), dann gelegentlich angewendet (auch von Claudius) und später von Juristen für legal erklärt.
2 *L.* **Annaeum Senecam**: Der Philosoph Seneca; ↗ zu 60, 2.
ut Neronis gratiam pararet: 71, 1 erhält Natalis die *impunítas*.

3 **edidit ceteros**: Er verriet noch nicht die Verschwörer innerhalb der Garde (66, 1); möglicherweise erhoffte Scaevinus noch ihr Eingreifen.
4 Drei weitere Verschwörer verraten — *promissā impunitate corrupti* — ihre engsten Verwandten und Freunde.

Fr 1. Wo äußert Tac. Kritik am Verhalten der Verschwörer?
2. Belegen Sie in § 2/3 die Stileigentümlichkeit der *inconcinnitas!*

57 Standhaftigkeit und Tod der Epicharis

1 **Epicharin**: Ihr Tod wird voll Mitgefühl in deutlichem Gegensatz zu Kap. 56 erzählt. Ihre Gestalt beeindruckte u. a. Boccaccio (‚De claris mulieribus') und Montaigne (vgl. Koestermann: Ende von Kap. 57).
ira . . . torquentium: Nach Dio Cassius 62, 27, 3 ließ Tigellinus (↗ zu 50, 3) die Foltern mehrfach verschärfen.
contemptus: Erwägenswert ist die Konjektur *consumptus (est).*

Fr 1. Wie betont Tac. seine Achtung für Epicharis?
2. Welche Stilmittel setzt er dabei besonders ein?

58 Weitere Verhaftungen

1 **Lucanus, Senecio, Quintianus**: 70, 1/2 erwähnt ihr ruhmloses Ende.
2 **mari et amne**: Die militärischen Posten bei Ostia und entlang des Tibers wurden durch *pedites equitesque* der Garde verstärkt.
Germanis, quibus fidebat princeps: Auch Agrippina († 59 n.) hatte in ihrer Ehrengarde Germanen, deren Treue geschätzt wurde.

Fr 1. Wie drückt Tac. Neros Schrecken (stilistisch) aus?
2. Inwiefern passt Faenius' und Subrius' Verhalten zu ihrem Wesen?
3. Was gewinnt Tac. durch die verzichtbare Bemerkung in § 4?

59-60,1 Pisos Feigheit — Tod des Plautius Lateranus

59, 1 **dum dubitat Scaevinus**: Rückgriff auf die Lage von 56, 1–2.
hortarentur: Es folgt die längste indirekte Rede in der Verschwörung; eine große direkte Rede (wie etwa Sallust, Cat. 20 *‚contio domestica'*) gibt es in der Pisonischen Verschwörung nicht.
2 **Neroni . . . Tigellino**: Beide trifft Tac.' volle Verachtung. Tigellinus mit seinen *paelices* erinnert an das Treiben des Marc Anton.
3 **rem publicam . . . libertati**: Damit wird dem Piso wohl keine republikanische Gesinnung unterstellt. Eine solche traut man am ehesten dem Vestinus (52, 3) zu, der dem Piso aber gerade dadurch unlieb ist.
4 **Immotus**: Gründe für Pisos Ablehnung übergeht Tacitus (↗ Fr 2a).
donec manus militum adveniret: Ein eigenes Verhör des Piso findet offensichtlich nicht statt; Nero genügen bereits die *indicia.*
vetus miles timebatur . . .: Das gibt den Freunden Recht (§ 1/2).

5 **Obiit . . .**: Die sachliche Notiz entspricht Tac.' Verachtung für Piso.
Testamentum foedis adversus Neronem adulationibus: Piso setzt wohl — wie üblich — Nero als Erben des halben Vermögens ein.
Satria Galla . . . Domitius Silus: Beide sind wohl aus niedrigem Stande.
patientia: Nicht positiv zu fassen (nkl. „Gleichgültigkeit"); Domitius verzichtete auf eine Anklage nach der *lex Iulia de adulteriis.*

60, 1 Ermordung des designierten Konsuls Plautius Lateranus; seine Festigkeit (*plenus constantis silentii* — er verrät den ihn tötenden Tribunen Statius nicht) entspricht seiner republikanischen Gesinnung (49, 3 *amor rei publicae*); sein Mut betont Pisos Feigheit in Kap. 59.

Fr 1. a) Welche letzten Hoffnungen hegen Pisos Freunde?
b) Entnehmen Sie dem Abschnitt § 1–3 einige ‚sententiae'!
2. a) Wieso lässt sich Piso nicht umstimmen?
b) Wie urteilt Tac. über Piso? (↗ 48, 2–3)

Senecas Tod (60, 2–64)

60, 2 **caedes Annaei Senecae**: Es ist nicht erweisbar, dass Seneca in die Verschwörung eingeweiht war oder dass Tac. das glaubte; ↗ auch zu Kap. 65.
laetissima principi: Trotz Senecas Abschied sieht Nero erst in seinem Tod die Möglichkeit, einen (latenten) Tadler aus dem Weg zu räumen.
sed ut: Nach der Ablehnung eines nur angenommenen Grundes (*non quia*: h. poet./nkl. + Ind.) eine übliche Fortsetzung („sondern damit er . . . könne"): die Abfolge der Gedanken ist aber nicht ganz glatt.
venenum non processerat: Der Versuch, Seneca zu vergiften, ist nach 15, 45 kein Faktum, sondern ein Gerücht (*tradidēre quidam*).

3 **cur Pisonem aditu arceret**: Über den Anlass von Pisos Besuch und über Sen.' Ablehnung kann man nur rätseln. Kam Natalis, Pisos Vertrauter (50, 2), „naturgemäß, um bei diesem wegen einer Beteiligung an der Verschwörung vorzufühlen" (Koestermann), oder war es ein üblicher Krankenbesuch? Seneca lebte nach der Audienz bei Nero (14, 53 ff.) in größter Zurückgezogenheit, zumal nach dem (unsicheren) Vergiftungsversuch.
salutem suam incolumitate Pisonis inniti: Allein diesen Punkt weist Seneca 61, 1 zurück. Vielleicht liegt — wie oft geäußert — eine Überinterpretation der üblichen (Brief-)Formel *Si vales, ego quoque valeo* vor. U. U. hat schon Seneca, der gern gängige Wendungen änderte, eine Formulierung benützt, die der von Natalis bzw. Nero selbst ähnelte.

4 **forte an prudens . . . remeaverat**: Es bleibt ungewiss, ob hiermit „Mitwisserschaft" angedeutet ist oder nahe liegende Neugier — die Verschwörung war im Gange, und vermutlich herrschte allgemeine Erregung.
Pompeia Paulina: Wohl Tochter des römischen Ritters Pompejus Paulinus aus Arelate (Arles in Südfrankreich), des *praefectus annonae,* dem Seneca die Schrift ‚De brevitate vitae' widmete; ↗ auch 64, 1/2.
amicis duobus: Vielleicht der Geschichtsschreiber und Seneca-Verehrer Fabius Rusticus (wie sich aus 61, 3 ergeben könnte) und der Arzt.

Fr 1. a) Woran knüpft § 3 an? b) Was macht Seneca u. U. verdächtig?
2. a) Wie geht Seneca auf die Botschaft des Natalis ein?
b) Welche Stilfiguren verwendet Tac. in Senecas Antwort?

61, 1 **Seneca ... respondit**: Seneca gibt dem Treffen eine unverfängliche Deutung (↗ zu 60, 3); dabei meinen *salus* und *incolumitas* dasselbe.
nec sibi promptum in adulationes ingenium: Seneca enthielt sich Nero gegenüber nicht der Schmeicheleien (↗ seine Rede 14, 53 f.); diese waren aber wohl nicht so wahllos wie bei anderen Senatoren, so dass er sich mit Recht auch *libertas* zusprechen kann — bei Piso werden von Tac. die *foedae adulationes* betont (59, 5).
2 **Poppaea** (ca. 30–65): Eine sehr ehrgeizige und auf ihre Schönheit bedachte Frau (rotblond; badete in Eselsmilch; benützte eigene Salben). Ihr Großvater war ein erfolgreicher Feldherr und Statthalter († 35 n.), ihre Mutter galt als schönste Frau ihrer Zeit. Tac. widmet Poppaea eine ausführliche Charakteristik (13, 45). Mit dem späteren Ks Otho in zweiter Ehe vermählt, wurde sie Neros Mätresse und war mitschuldig an Agrippinas Ermordung und an Octavias Verstoßung. Nero betrauerte den Tod seines Kindes von ihr und ihren eigenen Tod (16, 6) tief; er hatte sie „einzigartig geliebt" (Sueton, Nero 35, 3) und ließ sie im Mausoleum des Augustus beisetzen.
nulla pavoris signa: Die Betonung von Senecas Furchtlosigkeit (↗ 62, 1 *in-territus*) fällt um so mehr auf, als Nero von Furcht bestimmt ist und Furcht bei Tac. der wichtigste Affekt ist (Suerbaum 180).
3 **Fabius Rusticus**: ↗ E 12. 2 und Fr 2.
quo venerat: Nebenbemerkungen innerhalb der oratio obliqua werden auch von Cicero und Cäsar in den Indikativ gesetzt.
4 (*Gavius*) **Silvanus**: Seine hier gezeigte Haltung und sein freiwilliger Tod (71, 2) zeigen Ehrgefühl.

Fr 1. Wie beurteilen Sie Senecas Verteidigung in 61, 1?
2. Was besagen die Worte *sane Fabius inclinat ad laudes Senecae, cuius amicitiā floruit* (13, 20) über den Quellenwert des Fabius?
3. Vergleichen Sie das Verhalten des Fabius mit 58, 3/4!
4. Mit welchen Andeutungen nimmt Tac. selbst Stellung?

62,1 **poscit testamenti tabulas**: Seneca wollte kleine Zusätze anbringen. Ob er wegen des Fehlens einer formellen Verurteilung mit der Gültigkeit des Testaments rechnete (Koestermann), ist zweifelhaft; er kannte die Größe seines Vermögens (des zweitgrößten im Imperium) und die Geldnöte des Kaisers, der sich beim Bau der *domus aurea* verschuldet hatte.
bonarum artium (*famam*): *bonae artes* meint hier nicht die intellektuelle Seite des Begriffs (~ *artes liberales*), sondern die ethische.
2 **sermone**: Ein philosophisches Gespräch wie in Sokrates' Todesstunde.
firmitudinem (↗ zu 52, 2 *claritudinem*): *firmitudo* bzw. *animi firmitas*

(„innere Festigkeit“) ist bei Seneca ein zentraler Begriff; diese Haltung bewährt sich besonders gegenüber *fortuna* (hier *imminentia*).
sapientiae: D. h. der Philosophie, speziell der stoischen.
meditata: Vgl. Senecas Maxime *prae-meditari omnia*. Mehrere Einzelformulierungen erinnern an Seneca-Stellen; auch die bedeutende Rolle des Beispiels (*imago*) ist typisch für Seneca als Lehrer und Pädagogen.
saevitiam Neronis: Diese dem Seneca in den Mund gelegte Wendung entspricht der, die Tac. 61, 2 selbst gebrauchte: *saevienti principi*.
post matrem fratremque interfectos: Bei der Erzählung vom Tod der Mutter (14, 1–9) und des Stiefbruders Britannicus (13, 15–17) — der der Gattin Octavia wird übergangen — hatte Seneca seine Ablehnung keineswegs deutlich zum Ausdruck gebracht, sondern sie nolens volens (z. T.) gebilligt. Im Angesicht des Todes verschieben sich die Maßstäbe — oder wirkt die Benützung anderer Quellen mit?

Fr 1. Geben Sie von § 1 eine Satzanalyse!
2. Untersuchen Sie Senecas Rede stilistisch!
3. Was sind für Seneca letzte Werte, die er den Freunden empfiehlt?
(Zur Vertiefung, z. B. als Facharbeit: Gestaltung der Todesstunde bei Seneca — Petron [Tac. ann. 16, 18 f.] — Sokrates [Platon, Phaidon])

63,1 **velut in commune** (*disseruit*): Vielleicht mit Koestermann wie 52, 2 „für alle Anwesenden“ (deren Zahl sich gegenüber 60, 4 kaum vermehrt haben wird — trotz 60, 4 *propinquā vesperā* wird man wohl auch keinen anderen Tag ansetzen) bzw. für die Öffentlichkeit, welcher die Freunde Senecas Worte wohl mitteilen würden.
paululum adversus praesentem fortitudinem mollitus: Eine vielfach behandelte Wendung (statt *fortitudinem* schlug man *formidinem* vor bzw. *fortunam* „Lage“ und las *molitus*); gemeint ist wohl Senecas situationsbezogene Betroffenheit; das mögliche Leid seiner innig geliebten Frau (§ 2) stimmte ihn wohl vorübergehend weicher. Die Ausschaltung der Affekte hatte er immer abgelehnt und nur ihre Beherrschung empfohlen.
percussoris: *percussor* heißt sonst der (bezahlte) Mörder, was in der Situation ausscheidet; es ist hier nach *percutere venas* gebildet.

2 **„Vitae“, inquit, . . .**: Die wörtliche Rede ist dem Tac. wohl durch Fabius Rusticus (↗ zu 61, 3) bekannt geworden; ihr Stil (durchgehende Antithesen und rhythmisierte Satzschlüsse) legt die Annahme nahe, dass es sich um die authentische Formulierung des Seneca selbst handelt (Koestermann).
claritudinis (↗ zu 52, 2) **plus**: Weil Paulina ohne Zwang Neros handelt, ja sogar gegen Senecas Rat. Nach Dio Cassius 62, 25 ff. zwang Seneca seine Frau zum gemeinsamen Selbstmord. Man darf diese Nachricht als „gehässig“ ablehnen; die Darstellung des Tacitus, der keineswegs zu Glorifizierungen neigt, hat mehr innere Wahrscheinlichkeit.

3 **senile corpus et parco victu tenuatum**: Seneca war damals ca. 68 Jahre und hatte vor allem in der letzten Zeit sehr sparsam gelebt (nach dem vielleicht von Nero veranlassten Vergiftungsversuch: 15, 45). Er war wohl früher kräftiger, wie ihn die bildlichen Darstellungen zeigen.

Fr 1. Woran knüpfen § 1 *vitae per virtutem actae* und *solaciis honestis* an?
2. Inwiefern unterscheiden sich § 2 und 3 deutlich voneinander?
3. Wo spürt man die persönliche Betroffenheit des Tacitus?

64,1 **glisceret**: ↗ zu 1, 1, 2.
⟨iubet⟩ inhiberi mortem: Ob die Soldaten einen schon erteilten Befehl verspätet ausführten oder ob sie erneut beim Kaiser anfragten, ist nicht sicher zu entscheiden (*iubet* ist nur Konjektur!). Über die Stärke des Blutverlustes lässt sich somit nichts erschließen.

3 **Statius Annaeus**: Wohl ein Klient der Annaeer (der Seneca-Familie).
venenum . . .: Die Einnahme des Landschierlings (*conium maculatum* bzw. *cicūta* [Plinius], aus dessen Blüten und Blättern hergestellt) ist keine Theatralik oder bloße Imitation, sondern offensichtlich medizinische Notwendigkeit. Im Übrigen ist Sokrates neben Cato Uticensis, der Platons Phaidon mit Sokrates' Sterbeszene unmittelbar vor dem Tod las, für Sen. ein besonders häufig und eindrucksvoll geschildertes Beispiel; vgl. auch die Doppelbüsten mit Seneca und Sokrates.

4 **stagnum calidae aquae**: Das heiße Bad sollte die Blutzirkulation anregen und damit die Wirkung des Giftes ermöglichen.
Iovi liberatori: Wohl nach griech. Vorstellung; es gab ein Fest für *Zeùs Sōtḗr* („Heiland"), ebenfalls mit einer Libation (Weihguss).

Fr 1. Wie entlastet Tacitus die Paulina gegenüber böswilligem Gerede? (Untersuchen Sie auch den Stil, z. B. die Wortstellung!)
2. Spricht aus der Darstellung des Tacitus Kritik am Tode Senecas?
3. a) Was wird durch die stilistische Gestaltung von § 3 besonders hervorgehoben? b) Welche stilistischen Mittel setzt Tacitus dabei ein?
4. Wie betont Tacitus die Einfachheit von Senecas Begräbnis stilistisch?
5. Beschreiben und diskutieren Sie das Bild von Rubens (Textband 103)! (Vgl. Maurach, G.: Seneca. — Darmstadt 1991, 48–54.)

65 Das Kapitel enthält eine vom Vorausgehenden abweichende Version, von der sich Tac. wohl distanziert (↗ Fr 2 b zu Kap. 53), die er vielleicht aus Plinius d. Ä. (↗ E 12. 3) entnommen hat. Senecas Mitwisserschaft ist in der Forschung lebhaft umstritten. Dass die Garde einen Spanier und einen *homo novus* als Kaiser hätte ausrufen wollen, wirkt nicht sehr glaubhaft. Andererseits muss die rein menschliche Regung des Silvanus, Seneca retten zu wollen (61, 4), nicht auf genauere Pläne der Verschwörer mit Seneca hinweisen; das offensichtlich damals bekannte Diktum des Subrius Flavus (es bleibe gleichermaßen schändlich, wenn der Kitharöde [Nero] entfernt und der Tragöde [Piso] nachfolge) enthält noch keinen Hinweis auf Seneca, mochte aber die weiter gehende Kombination nahe gelegt haben. Klarheit zu gewinnen, ist angesichts der widersprüchlichen und z. T. unsicheren Quellenlage unmöglich. Dio Cassius hatte übrigens Seneca für den Anstifter der Verschwörer gehalten und eine Teilnahme Pisos gar nicht erwähnt.

Auch Tac.' eigene Meinung ist nicht sicher zu ermitteln; sein einziger Hinweis 60, 4 *forte an prudens* (selbst wenn *prudens* überwiegen sollte) ist nicht beweiskräftig. Jedenfalls hält Tacitus den Ausspruch des Subrius für erwähnenswert, u. U. wegen der prägnanten Antithese.
Senecas Rolle bei der Verschwörung ist z. T. mit der Rolle Ciceros beim Attentat auf Cäsar vergleichbar. Beide Männer waren integre und hochgebildete Persönlichkeiten, glänzende Redner und Schriftsteller, erfüllt von republikanischen Idealen; sie waren (wohl) beide eher Sympathisanten als aktive Verschwörer. Es geht den Verschwörern jedenfalls nicht um die Wiederherstellung der Republik, sondern nur um die Beseitigung eines schlechten Prinzeps.

66 Die Verschwörung der Garde (*militaris quoque conspiratio*) wird wie ein neues Faktum eingeführt. Faenius Rufus, der Verschwörer und Untersuchungsrichter in einer Person ist, reizt durch seine Unerbittlichkeit (↗ 58, 3) den Scaevinus beim Verhör. Dessen zweideutige Antworten bringen Faenius zum Stottern, womit sich dieser verrät und auf Befehl Neros verhaftet wird.

67 Subrius Flavus zeigt nach kurzem, vergeblichem Leugnen Entschlossenheit (*confess-ionis gloriam amplexus*). Von Nero befragt, warum er seinen Fahneneid verletzt habe, bekennt er seinen aus Enttäuschung geborenen Hass: „Keiner der Soldaten war dir treuer ergeben, solange du Liebe verdientest; ich fing an, (dich) zu hassen, nachdem du zum Mörder von Mutter und Gemahlin, zum Wagenlenker, Schauspieler und Brandstifter geworden warst" — eine Anspielung auf den Brand Roms, bei dessen Erzählung Tac. den Nero weniger deutlich verdächtigt hatte: 15, 38, 1. Tacitus gibt die Sätze wörtlich wieder und stellt die schlichte soldatische Formulierung der (veröffentlichten) Rede Senecas entgegen.
Subrius' Worte sollen Nero besonders tief getroffen haben, obwohl er nach Sueton, Nero 39, 1 bei Kritik sehr gelassen war. Auch bei dem Tod selbst belegt Tac. die Unerschütterlichkeit des Subrius durch wörtliche Reden.

68, 1 Auch Sulpicius Asper wird zum *exemplum constantiae.* Nero gegenüber betont er (in oratio obliqua), allein durch dessen Ermordung „hätte man seinen so zahlreichen Verbrechen zu Hilfe kommen können". Selbst die übrigen Zenturionen zeigen sich tapfer, wodurch Faenius' Klagen um so peinlicher erscheinen. Die Feigheit von Piso und Faenius wird von Beweisen für Unerschrockenheit bei Seneca, Subrius und Asper umrahmt.

Fr 1. a) Warum erzählt wohl Tac. eine erfolglose Verschwörung so breit?
b) Vergleichen Sie damit das Attentat auf Hitler am 20. Juli 1944!
2. a) Worin sehen Sie die Gründe für das Scheitern der Verschwörung?
b) Worin sieht sie Machiavelli? (↗ S. 95; Kurzreferat)
3. Wie wird der Tyrannenmord beurteilt? Wie denken Sie darüber?
4. a) Welche anderen Verschwörungen gegen „Tyrannen" kennen Sie?
b) Wer hat das Thema „Verschwörung" literarisch bearbeitet?
(Führen Sie wenigstens ein Beispiel aus der lateinischen und deutschen Literatur näher aus!)

6. Anhang
6.1 Stammbäume

1. Stammbaum der Oktavier und der Julier

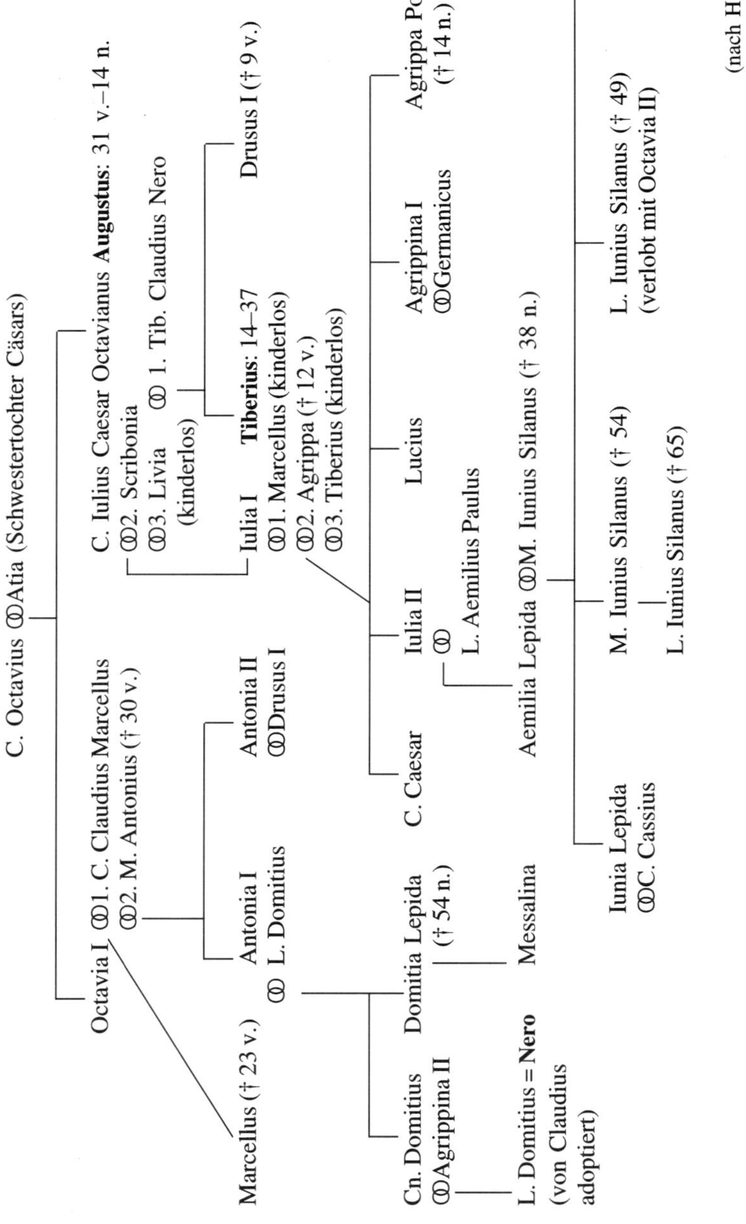

2. Stammbaum des Tiberius Claudius Nero (gens Claudia)

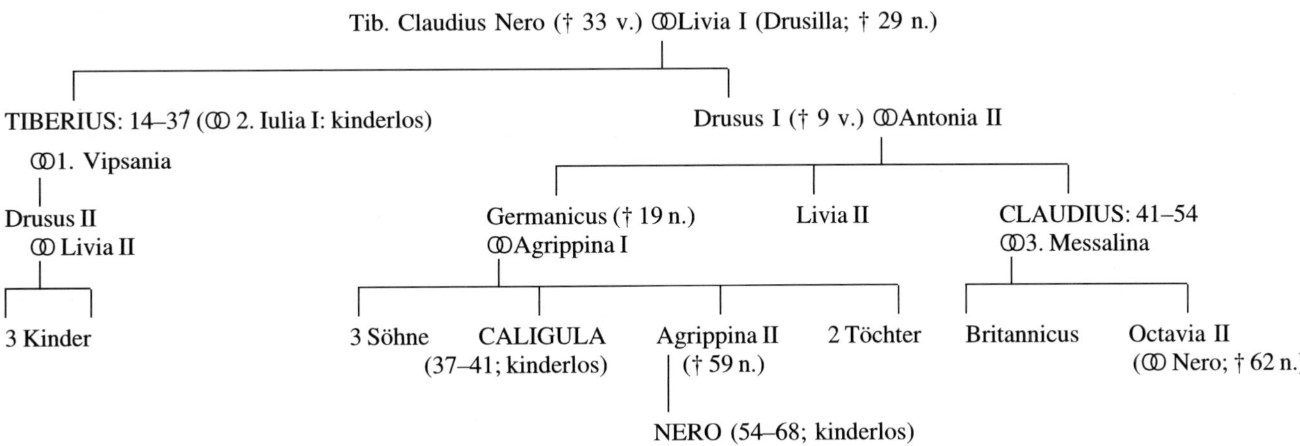

(nach H. Weinold)

6.2 Literaturverzeichnis

6.2.1 Livius

1. Allgemein: (↗ auch 6.2.2.1)

v. Albrecht, M.: Geschichte der römischen Literatur Bd. I: Drittes Kapitel III A: Livius. — Bern 1992, 659–686.

Barié, P.: Mythisierte Geschichte im Dienst einer politischen Idee. In: AU 19 (1976) 2, 35–42.

Burck, E.: Die Erzählkunst des T. Livius. — Berlin/Zürich ²1964.

Burck, E.: Das Geschichtswerk des T. Livius In: Bibliothek der klass. Altertumswiss., Neue Folge, 2. Reihe, Bd. 87. — Heidelberg 1992.

Burck, E. (Hrsg.): Wege zu Livius. In: WdF 132. — Darmstadt (1967) ³1987.

Christ, K.: Die Römer. Eine Einführung in ihre Geschichte und Zivilisation. — München 1979.

Coarelli, F.: Rom. Ein archäologischer Führer. — Freiburg 1975.

Gruber, J.: Plädoyer für Livius. In: Die Antike als Begleiterin (Dialog 24, hrsg. Neukam, P.). — München 1990, 26–41.

Lauffer, S.: Kurze Geschichte der antiken Welt. Rom. — München 1971.

Lefèvre, E. / Olshausen, E. (Hrsg.): Livius. Werk und Rezeption (Festschrift für E. Burck zum 80. Geburtstag). — München 1983.

Meyer, E.: Römischer Staat und Staatsgedanke. — Zürich ³1964.

Ogilvie, R. M.: A Commentary on Livy. Books 1–5. — Oxford ²1970.

Schwarz, F. F.: Von der Verwertbarkeit der Geschichte. In: AU 36 (1993) 1, 53–66 (nur zu Livius!).

Tränkle, H.: Der Anfang des römischen Freistaats in der Darstellung des Livius. In: Hermes 93 (1965), 311–337.

Vogt, J.: Römische Geschichte (1. Hälfte: Römische Republik). — Wien/ Freiburg 1959.

2. Zu Einzelstellen des Livius

Gleixner, H.: Verginia, ein Prozeßskandal als Einführung in das römische Zivilrecht. In: Anr. 31 (1985), 174–179.

Mayer, J. A.: Pontes. Lektüre nach übergeordneten Themen. — Stuttgart ²1978, 66–77 (Kap. VIII: Coriolan; dazu Lehrerheft 40–45).

Olbrich, W.: Coriolan bei Eutrop, Valerius Maximus, Livius — und Beethoven. In: Anstöße zum AU (hrsg. v. Maier, F. — für Hans Schober zum 70. Geburtstag). — München 1993, 53–58.

Pabst, W.: Cn. Marcius Coriolanus — Einzelkämpfer oder Gruppenrepräsentant. In: AU 20 (1977) 5, 73–81.

Pabst, W.: Die Ständekämpfe in Rom als Beispiel für einen politisch-sozialen Konflikt. In: AU 16 (1973) 3, 5–28.

3. Zu den Begleittexten

Düll, R.: Das Zwölftafelgesetz. — München ⁶1989.

Kaser, M.: Römische Rechtsgeschichte. — Göttingen ²1978 (ND 1986).

Kroll, W.: Die Kultur der ciceronischen Zeit. — Leipzig 1933 (ND Darmstadt 1975).
Liebs, D.: Römisches Recht. — Göttingen ^{2}1982.
Meister, K.: Die Tugenden der Römer (1930). In: Oppermann, H. (Hrsg.): Römische Wertbegriffe. WdF 34. — Darmstadt 1967.

6.2.2 Tacitus (↗ auch 6.2.1.1)

1. Allgemein

Grant, M.: Klassiker der ant. Geschichtsschreibung. — München 1973.
Grant, M.: Roms Cäsaren von Jul. Caesar bis Domitian. — München 1978.
Leeman, A. D.: Die röm. GS. In: Fuhrmann, M. (Hrsg.): Röm. Literatur (= Neues Handbuch der Lit.-Wiss. 3). — Frankfurt/M. 1974, 115–146.
Maier, Fr. (Hrsg.): Tac. in der Schule II. Auxilia 21. — Bamberg 1989 (mit ausführlichem Literaturüberblick von H. Leretz: 116–127).
Pöschl, V. (Hrsg.): Tacitus. In: WdF 97. — Darmstadt 1969 (^{2}1986).
Pöschl, V.: Tac. als Politologe (Heidelberger Texte. Didaktische Reihe, H. 6). — Heidelberg 1972, 5–32.
Syme, R.: Tacitus. 2 Bde. — Oxford 1958.
Vogt, J.: Tac. und die Unparteilichkeit des Historikers (1936). In: WdF 97 (1969), 39–59.

2. Tacitus' Stil

Heubner, H.: Sprache, Stil und Sache bei Tac. In: Interpretationen. Gymn. Beiheft 4 (1964), 133–148 (zu Agr. 19, 3).
Löfstedt, E.: Über den Stil des Tac. (1948). In: WdF 97 (1969), 89–103.
Richter, W.: Tac. als Stilist. In: Radke, G. (Hrsg.), Politik und literarische Kunst im Werk des Tac. Beiheft 1/AU 14 (1971), 111–128.

3. Kommentare (zu Agricola — zu Annalen)

Draeger, A.: Das Leben des Agricola von Tac. — Leipzig ^{4}1884.
Feger, R.: Agricola (lat./dt.; erläutert). — (Reclam) Stuttgart 1973.
Gudeman, A.: P. Cornelii Taciti De vita et moribus Cn. Iulii Agricolae liber. — Berlin 1902.
Ogilvie, R. M. / Richmond, I.: Cornelii Taciti De vita Agricolae. — Oxford 1967 (^{7}1992).
Reeb, W.: Tacitus' Agrikola. — (Velhagen & Klasing) Bielefeld 1939.
Städele, A.: Corn. Tac. Agricola — Germania (Sammlung Tusculum). — München 1991 (Erläuterungen zum Agricola 223–300).
Andresen, G.: Tacitus. Annalen. B. 1–2. — Berlin (Weidmann) 1897.
Draeger, A.: Die Annalen des Tacitus. B. 11–16. — Leipzig ^{3}1882.
Eckstein, F.: Tac., Annalen und Historien. — Frankfurt/M. ^{4}1967.
Koestermann, E.: Corn. Tac. Annalen. Kommentar. — Heidelberg 1963/8.
Nipperdey, K. / Andresen, G.: Tac. Ann. 11–16. — Berlin ^{6}1908/^{8}1978.
Pfitzner, W. / Wackermann, O.: Corn. Tac. Ann. 1–2. — Gotha ^{5}1905.
Stegmann, C.: P. Corn. Tac. Ann. in Auswahl. — Leipzig/Berlin ^{2}1909.

(Zu den einzelnen Abschnitten:)

4. Agricola = Text 4. 1–4. 6

Klinz, A.: Tac.' Agricola — Interpretationen für den Unterricht (Heidelb. Texte. Didaktische Reihe, H. 6). Heidelberg 1972, 33–76.

Nesselhauf, H.: Tac. und Domitian (1952). In: WdF 97 (1969), 208–240.

Städele, A.: Tacitus' Agricola in der Jgst. 11. Eine Alternative. In: Anr. 33 (1987), 99–110.

Städele, A.: Tac. über Agricola und Domitian (Agr. 39–43). In: Gymn. 95 (1988), 222–235.

Storch, H.: Tac.' Agricola als Maßstab für Geltung und Zerfall des römischen Tugendkanons. In: AU 29 (1986) 4, 36–49.

5. Annalen 1, 1–10 (Augustus und Tiberius) = Text 5. 1

Classen, C. J.: Zum Anfang der Ann. des Tac. In: AU 29 (1986) 4, 4–15.

Diehle, A.: ‚Sine ira et studio'. In: Rhein. Mus. 114 (1971), 27–43.

Instinsky, H. U.: Augustus und die Adoption des Tiberius. In: Hermes 94 (1966), 324–343.

Klingner, F.: Tac. über Augustus und Tiberius. Interpretationen zum Eingang der Annalen (1953). In: WdF 97 (1969), 496–557.

Knoche, U.: Zur Beurteilung des Kaisers Tiberius durch Tacitus. In: Gymn. 70 (1963), 211–226.

Kornemann, E.: Tiberius. Darmstadt 1980 (besonders 13–61).

Kornemann, E.: Große Frauen des Altertums. Sammlung Dieterich. Darmstadt o. J.; Kapitel über Livia 172–221.

Solka, M.: „Menschliche Pflichten habe ich zu erfüllen!" — Tiberius, der verleumdete Herrscher. In: Geschichte und Geschichten. Bayer. Rundfunk am 5. Dez. 1992 / B 2.

Tränkle, H.: Augustus bei Tac., Cassius Dio und dem Älteren Plinius. In: Wiener Studien 82, Neue Folge (1969), 108–130.

6. Annalen, 13, 1–6 (Der Anfang von Neros Prinzipat) = Text 5. 2:

Klingner, Fr.: Beobachtungen über Sprache und Stil des Tac. am Anfang des 13. Annalenbuches (1955). In: WdF 97 (1969), 540–557.

Kornemann, E.: Iulia Agrippina. In: Große Frauen . . ., 221–251.

7. Annalen 14, 52–56 (Seneca — Nero) = Text 5. 3:

Becker, C.: Wertbegriffe im antiken Rom — ihre Geltung und ihr Absinken zum Schlagwort (1967). In: Auxilia 21 (Bamberg 1989), 94–109.

Frings, U.: Seneca und Nero. In: AU 16 (1973) 3, 51–84.

8. Annalen 15, 48–68 (Die Pisonische Verschwörung) = Text 5. 4:

Suerbaum, W.: Zur Behandlung der Pisonischen Verschwörung. In: ISP, Handreichungen für den LU in der Kollegstufe, 3. Folge. Bd. I. — Donauwörth 1976, 167–229 (mit reichlichen Literaturangaben).